Für Michael
Von Franzi

Ich wünsche dir
von Herzen viel
Glück beim
Buch schreiben und
erfolgreich veröffentlichen

Franziska Marie Schalk

Vom Nadelstich zur Dienstmarke

Mein Weg vom drogenbelasteten Elternhaus ins Rauschgiftdezernat

© 2025 Franziska Marie Schalk
Website: www.franziskamarieschalk.com

Lektorat von: Sandra Weiße
Covergrafik von: Franziska Marie Schalk

Druck und Distribution im Auftrag der Autorin: tredition GmbH, Heinz-Beusen-Stieg 5, 22926 Ahrensburg, Deutschland

Das Werk, einschließlich seiner Teile, ist urheberrechtlich geschützt. Für die Inhalte ist die Autorin verantwortlich. Jede Verwertung ist ohne ihre Zustimmung unzulässig. Die Publikation und Verbreitung erfolgen im Auftrag der Autorin, zu erreichen unter: Franziska Marie Schalk, Glücksburger Straße 81, 28219 Bremen, Germany. Kontaktadresse nach EU-Produktsicherheitsverordnung: info@franziskamarieschalk.com

Für alle, die gerade ihren eigenen Weg suchen – und für die, die an meiner Seite waren, als ich meinen gefunden habe.

Inhalt

Vorwort	8
Prolog	14
Drück mich	17
Die Feder des Lebens	38
Der Weg zur Dienstmarke	51
Der Verrat	65
Heroin	70
Das unsichtbare Band der Liebe	78
Der Fels in der Brandung	91
Sei dein eigener Anker	100
Toxische Beziehungen	112
Der Narzisst in meinem Bett	120
Des Glückes Schmied	135
David gegen Goliath	149
Was denken die anderen	159

Die Geheimnisse lüften	166
Die Konfrontation	175
Berlin	180
Epilog	216
Über die Autorin	219
Literatur	221

Vorwort

Manchmal schlägt das Leben Wege ein, die man sich nicht aussuchen kann. Ich bin in einer Welt aufgewachsen, die von Dunkelheit und Schmerz dominiert wurde – einer Welt, die kein Kind erleben sollte. Ich bin in einem Zuhause groß geworden, das von der Heroinsucht meiner Eltern geprägt war. Die Spritzen auf dem Tisch waren für mich so normal wie für andere Kinder ihr Spielzeug. Während andere Kinder mit ihren Eltern auf den Spielplatz gingen, fuhr ich mit meiner Mama zu den Dealern und wartete in unserem weißen Ford hinten auf dem Rücksitz, bis sie ihr „Zeug" hatte.

Cornflakes mit Wasser zum Frühstück, weil es keine Milch mehr gab, waren für mich normal. Junkies, die mitten in der Nacht durch mein Kinderzimmer stürzten, weil sie über den Balkon abhauen wollten – normal. Geschrei, eskalierende Diskussionen, Handgreiflichkeiten, Beleidigungen – normal.

Wenn Eltern einem Kind „krankhaft" als „normal" vorleben, ist das aber weder normal noch verantwortungsbewusst. Als Erwachsener muss man sich dann sein eigenes „Normal" erarbeiten. Das ist anstrengend und kann dazu führen, dass man selbst Süchte entwickelt oder sich einen süchtigen Partner sucht. Es braucht einen starken Charakter und Willenskraft, diese Vorbilder nicht nachzuahmen und einen anderen Weg einzuschlagen. Wie ich es geschafft habe, einen anderen Weg einzuschlagen, den Weg vom Nadelstich zur Dienstmarke, erfährst du in diesem Buch.

Denn auch wenn diese Erlebnisse Narben auf meiner Seele hinterlassen haben, die ich nicht verdient hatte, haben sie mich unglaublich resilient werden lassen. Ich könnte vermutlich allein in Sibirien ausgesetzt werden und würde klarkommen. Denn, so hart mein Schicksal manchmal war, so stark hat es mich gleichzeitig gemacht. Es hat mich zu der Person werden lassen, die ich heute bin. Eine Frau, die dem Leben mutig mit offenem Herzen entgegenstrotzt und es mit all seiner Schönheit und seinen Herausforderungen annimmt, und zwar so, wie es kommt. Eine Frau, die mitten im Sturm noch den Sinn und das Geschenk darin sieht. Eine Frau, die sich wie eine Löwin vor andere stellt, wenn sie Ungerechtigkeiten mitbekommt. Eine Frau, die auch lieber mal gegen den Strom schwimmt, ihre Wahrheit spricht und damit sich selbst treu ist, auch wenn es bedeutet, nicht immer allen zu gefallen. Eine Frau, die ehrlich zu sich selbst ist, auch wenn es manchmal unbequem ist. Eine Frau, die für sich, ihr Recht und ihr Glück einsteht und kämpft. Eine Frau, die niemals aufgibt und sich nicht entmutigen lässt, sei der Gegenwind noch so stark. Eine Frau, die im Regen tanzt und trotz der Narben auf der Seele dankbar für das Geschenk namens Leben ist. Eine Frau, die im dunkelsten Tunnel noch das Licht am Ende sieht und unermüdlich der Hoffnung nacheifert. Eine Frau, die das Herz auf der Zunge trägt, die Liebe in jedem Detail der Schöpfung sieht und der Demut, Gnade und Vergebung keine Fremdwörter sind.

Eine Frau, die ihren Weg als Kriminalpolizistin bis ins Rauschgiftdezernat des LKA Berlin gewagt hat, obwohl der Rauschgiftspürhund damals durch ihr eigenes Kinderzimmer hetzte. Ich schaffte es vom Nadelstich zur Dienstmarke.

Mein Weg von den dunklen Schatten meiner Kindheit hin zu meiner Dienstmarke war alles andere als leicht. Aber ich habe das Schicksal überlistet und diese Story neu bestimmt. Und genau das möchte ich dir in diesem Buch mitgeben: Du kannst alles schaffen und erreichen, was du dir vornimmst – egal wo du herkommst und unabhängig davon, welche Karten das Schicksal an dich verteilt hat. In diesem Buch erzähle ich dir meine Geschichte, nicht um Mitleid zu erregen, sondern um dir zu zeigen, dass selbst aus den tiefsten Abgründen ein Weg nach oben führt. Vielleicht erkennst du dich in einigen meiner Erlebnisse wieder. Vielleicht hast auch du Zeiten durchgemacht, in denen alles hoffnungslos schien, in denen du dich verloren gefühlt hast und dachtest, dass es keinen Ausweg gibt. Zeiten, in denen du dachtest, das Leben hat es auf dich abgesehen und die ganze Welt hat sich gegen dich verschworen. Aber dem ist nicht so. Und genau für diese Momente ist dieses Buch geschrieben. Ich möchte dir zeigen, dass kein Schmerz für die Ewigkeit ist, kein Abgrund zu tief, um nicht wieder herauszukommen. Ich will dir zeigen, dass es immer einen Weg gibt, egal wie verdammt erdrückend sich die Umstände anfühlen mögen und wie aussichtslos alles erscheinen mag. Das Leben ist unberechenbar. Aber ich sage dir, du bist stark und es steckt so viel mehr in dir, als du ahnst. Du trägst so eine unfassbare Stärke und Schönheit in dir, einfach nur, weil du existierst und nichts und niemand kann dir dein Leuchten und deine Strahlkraft nehmen. Du musst es nur in dir selbst entdecken. Es ist dieses Feuer tief in jedem von uns, diese Willenskraft, der Hunger nach Leben. Dieses Feuer ist es, was mich alles überstehen lassen hat. Der Glaube daran, dass nichts umsonst geschieht und dass das Leben jeden belohnt, und niemanden vergisst, der aus vollem Herzen an sich glaubt.

Mein Weg „vom Nadelstich zur Dienstmarke" ist ein Beispiel dafür, dass es möglich ist, selbst aus den schlimmsten Umständen etwas Gutes hervorzubringen. Und darum ist dieses Buch für alle mutigen Kämpfer unserer Zeit, die sich nicht von ihrem Weg abbringen lassen, möge er noch so steinig und schwer sein.

Prolog

Das Sirenengeheul vom Krankenwagen dröhnt durch die Flure und vermischt sich mit dem Lärm der Polizisten, die ins Wohnzimmer stürmen. Das Blaulicht blitzt durch die Fenster und taucht alles in ein unheimliches, flackerndes Licht. Ich bin acht Jahre alt, stehe wie versteinert im Flur und sehe zu, wie immer mehr Menschen – Notärzte, Polizisten, Sanitäter – in unser Wohnzimmer drängen. Für einen kurzen Moment ist es still, als ob die Welt für einen Augenblick den Atem anhält. Ich sehe meine Mutter auf dem Sofa liegen. Ihr Körper zuckt und krampft und Schaum tritt aus ihrem Mund. Eine Überdosis Heroin. Dieses Bild wird sich für immer in mein Gedächtnis brennen. Die anderen Junkies, die sonst bei uns sind, sind verschwunden. Wie Schatten in der Nacht haben sie sich aufgelöst. Nur ich bleibe zurück, unfähig, mich zu bewegen.

Plötzlich wird alles laut, ein ohrenbetäubendes Rauschen in meinen Ohren. Ich beginne zu schreien, ein Schrei, bestehend aus Verwirrung, Schmerz und Todespanik. Die Polizistin, die sich um mich kümmert, packt mich sanft, und versucht, mich aus meinem Schock herauszuholen. Ihre Stimme klingt beruhigend, aber ich kann sie nicht verstehen. Alles, was ich fühle, ist Angst, Hilflosigkeit und Verzweiflung. Sie schüttelt mich ein bisschen, zuerst sanft, dann fester, um mich zu beruhigen. Aber nichts hilft, ich kann nicht aufhören zu schreien. Sie nimmt mich schließlich mit in mein Kinderzimmer und schließt die Tür. In diesem Raum, der noch nie wirklich friedlich war, versucht sie mich zu trösten. Sie fragt mich viele Dinge, aber ich kann nicht antworten. Irgendwann fragt sie mich, was ich einmal werden will, wenn ich groß bin. Ich schaue auf ihre Uniform und das Polizei-Emblem. Dann zeigt sie mir ihre glänzende Dienstmarke. In diesem Moment, zwischen den Schreien und dem Chaos im Wohnzimmer, vergesse ich alles um mich herum. Ich vergesse die Heroinspritzen auf dem Tisch und zeige auf die Dienstmarke. Die Polizistin lächelt mich an und sagt mir, dass ich Menschen helfen kann, dass ich alles erreichen kann, egal woher ich komme oder was ich erlebt habe. Sie erklärt mir, dass nichts unmöglich ist, und dass ich nie vergessen darf, dass ich alles schaffen kann, wenn ich nur daran glaube. Wenn ich an mich glaube.

In diesem Moment, während ich auf ihre Dienstmarke starre, beschließe ich, Polizistin zu werden. Auch wenn ich in meinem kindlichen Geist nicht wusste, wie wichtig dieser Moment für mich sein wird, spürte ich eine plötzliche Ruhe und Zuversicht und auch das heillose Durcheinander im Wohnzimmer legte sich. Meine Mutter überlebte. Sie schaffte es an diesem Tag. Im Gegensatz zu meinem Vater einige Jahre später …

Drück mich

Es gibt Dinge, die man nicht wirklich in Worte fassen kann – Dinge, die so tief sitzen, dass sie fast nicht auszuhalten sind. Einer dieser unerträglichen Punkte in meinem Leben ist die Abwesenheit meines Vaters. Ich habe ihn nicht kennengelernt und werde es leider auch nicht mehr, weil er an einer Überdosis Heroin starb, als ich 17 Jahre alt war. Den Gedanken, dass er allein in seiner Wohnung starb und es eine Weile dauerte, bis ihn jemand vermisste und man ihn fand, muss ich regelmäßig beiseiteschieben, um nicht daran zu zerbrechen.

Als Polizistin war ich schon öfter an Einsatzorten, an denen eine verstorbene Person bereits mehrere Tage unbemerkt in der Wohnung lag. Der Geruch ist brutal, wenn man in die Wohnung kommt, da der menschliche Körper sehr schnell anfängt Gase auszustoßen, die in den Augen und in der Nase regelrecht eine beißende Wirkung haben. Oft waren es Wohnungen, die darauf Rückschlüsse zuließen, dass dieser Mensch nicht nur Chaos in der Wohnung, sondern auch in seinem Leben hinterließ. Als Polizistin am Einsatzort fragst du dich eher selten, wie wohl die Lebensgeschichte eines jeden Einzelnen gewesen sei, welches Schicksal hier seinen Lauf nahm und warum es keine Angehörigen gab, die diesen Menschen bereits nach wenigen Stunden vermissten und erst der Verwesungsgeruch, der sich seinen Weg unter der Wohnungstür ins Treppenhaus suchte, die Nachbarn dazu trieb, die Polizei zu alarmieren. Du hast schlichtweg nicht die Kapazität dafür, diese emotionalen Fragen an dich heranzulassen, denn sonst bekommst du nach dem Dienst selbst kein Auge mehr zu. So war es bei mir aber nicht immer, denn oft fragte ich mich, ob es bei meinem Vater auch so war. Ob dort in seinem Wohnzimmer auch Polizeibeamte standen, die mit einem flüchtigen Blick auf ihn den Sachverhalt abarbeiteten und anschließend zum nächsten Einsatzort fuhren. Diese Rationalität ist wichtig für Polizeibeamte, damit man diesen Beruf machen kann. Sie ist gut – bis zu dem Punkt, an dem du selbst betroffen bist von einer Situation, die in Emotionen kaum auszudrücken ist. Da macht dich diese rationale Welt nur fertig.

Lange fühlte ich mich unbewusst schuldig dafür, dass mein Vater so elendig starb. Ich frage mich manchmal, ob alles anders gewesen wäre, wenn wir eine Beziehung zueinander gehabt hätten? Es ist fast schon absurd, dass ich ihn nicht kennengelernt habe, zumal er in derselben Kleinstadt wie ich gelebt hat. Wobei er mich kannte und wusste, wer ich bin, ich aber nicht wusste, wer er ist. Vermutlich fragst du dich jetzt, wie das überhaupt möglich ist und ganz ehrlich, ich versuche es bis heute zu verstehen. Die Erwachsenen um mich herum in meiner Familie hielten es für „besser", dass ich ihn nicht kennenlernte, da er zum Zeitpunkt meiner Geburt schon stark mit Alkoholproblemen zu kämpfen hatte und wohl nicht das „vorzeigbarste" Leben führe. Wenn ich in meinem Familienkreis nachfrage, heißt es immer nur, dass man mich schützen wollte. Treibende Kraft dabei sollen wohl meine Großeltern gewesen sein. So wie ich es erzählt bekommen habe, haben sie meinem Vater verboten Kontakt zu mir aufzunehmen.

Anfänglich war er immer nochmal bei meiner Uroma, um sich heimlich Fotos von mir zeigen zu lassen. Aber mit den Jahren der Alkohol- und Heroinsucht nahm das ab und er ließ sich nicht mehr blicken, um nach mir zu fragen. Ich habe nie einen Brief erhalten, nie einen Anruf, keinen Besuch, keine Karte. Er blieb ein nahezu komplett Unbekannter in meinem Leben.

Ich habe heute nur ein einziges Foto von ihm und ein Kuscheltier, welches er nach meiner Geburt als Geschenk für mich hatte. Ein weißer Stoffhase mit einem Herz auf dem Bauch, in dem steht: Drück mich. Ich wünschte so sehr, ich hätte meinen Vater wenigstens ein einziges Mal im Leben drücken können. Ich wünschte, ich wüsste, wie er roch, wie seine Stimme klang, wie er sich bewegte und wie seine Augen in natura aussahen. Von Erzählungen weiß ich, dass er mich zumindest einmal gedrückt hat. Am Tag meiner Geburt. Er war im Krankenhaus und hielt mich auf dem Arm. Meine

Mama sagt, dass er ganz nervös und aufgeregt war, dass er kaum geredet hat und mich einfach nur anstarrte, während er mich auf dem Arm hielt. Ich weiß nicht, wie ich es beschreiben soll, aber ich habe das Gefühl, dass ich diesen Moment der Liebe tief in mir spüre und ihn als eine fundamentale Erinnerung abgespeichert habe. Als hätte ich gewusst, dass diese Umarmung die erste und letzte sein wird. Als hätte das Schicksal festgelegt, dass es diesen Moment nur genau einmal geben wird und man ihn deshalb mit jeder Zelle seines Körpers abspeichert. Es ist, als wäre die Magie dieses Moments in meinem Herzen gespeichert. Es ist, als wäre dadurch eine unerschütterliche Liebe zum Leben entstanden. Ich kann es nicht erklären, aber da ist einfach eine tiefe Gewissheit in mir, dass mein Vater wusste, als er mich anblickte, dass ich das Beste und das Schönste bin, was er jemals in seinem Leben gesehen hat. Dieser Schmerz, diese Umarmung nur einmal gespürt zu haben, und die Gewissheit, dass ich diese nie wieder spüren werde, ist nicht zu beschreiben. Worte auf Papier können diese tiefe Sehnsucht nicht ausdrücken und den Schmerz, der tief aus mir heraus ins Universum schreit, nicht einfangen.

Wenn ich jemandem von meinem Papa erzähle, fühlt es sich oft unreal an, als würde ich das Schicksal einer anderen Person beschreiben oder eine Filmszene aus einem Drama erzählen, die neulich im TV lief. Doch dann begreife ich, dass dies kein Blockbuster ist, sondern mein Leben und ich muss feststellen, dass die Schattenseiten des fehlenden Vaters mehr als real sind.

Insbesondere in Partnerschaften durfte ich als erwachsene Frau erkennen, dass die Abwesenheit meines Vaters nicht ganz unbeteiligt an meinen toxischen Beziehungen war. Durch die Ablehnung entstanden unbewusste Minderwertigkeitsgefühle gegenüber Männern. Der Vater ist die erste und wichtigste männliche Bezugsperson. Wenn diese Beziehung gestört ist, wie sollen da gesunde Bindungen zu Männern entstehen? Mein Grundvertrauen in Männer war von Anfang an nicht vorhanden. Denn egal welche Rechtfertigungsgründe mein Vater für sein

Verhalten und sein Schicksal hatte, am Ende hat er mich aufgegeben, nicht nur sich. Er hat seinen Mann nicht gestanden und nicht um mich gekämpft. Er hat sich seinem Schicksal gebeugt und sich dem Suff und den Drogen hingegeben, um seinen Schmerz zu betäuben, anstatt die Liebe zu mir stärker werden zu lassen. Auch diesen Gedanken muss ich oft beiseiteschieben, da ich mich sonst in einem Kreis aus Wut und Trauer verliere und es sinnlos ist, einem Toten gegenüber Wut und Groll zu hegen, der dazu noch unbekannt ist.

Durch die zusätzlich vertauschten Rollen zwischen meiner Mutter und mir entstand eine Co-Abhängigkeit. Ich war die Mutter für meine Mutter. Eine übermäßige Fürsorge und ein ungesundes Verantwortungsgefühl für andere, insbesondere für meine Partner, entstand. Diese Kombination, der fehlende Vater und die bedürftige Mutter, sorgte dafür, dass ich häufig Menschen mit Problemen in mein Leben zog, um die ich mich dann kümmerte und regelrecht ein

Helfersyndrom entwickelte. Insbesondere in Partnerschaften zeichnete sich dieses Muster ab. So war ich ständig in Beziehungen, in denen es für mich etwas zu tun gab und ich meinem Partner helfen konnte. Aber nicht in einer gesunden Form von Unterstützung, weil man ein Team ist. Es waren egozentrische Männer mit vielen Baustellen, die immer Probleme in allen möglichen Lebensbereichen hatten. Probleme, die man fixen muss. Probleme, die ICH fixen musste und auch konnte, denn wenn ich durch diese turbulente Kindheit eins gelernt habe, dann ist es, wie man ganz schnell Probleme löst. Per se ist das nichts Schlechtes, es hilft mir auch sehr oft im Leben weiter, aber dennoch brachte mich dieses Muster unbewusst immer wieder in Schwierigkeiten. Wenn ich mich in jemanden verliebte, fühlte ich mich sofort für ihn verantwortlich. Aber das war mir egal, denn ich fühlte mich zugleich bei ihm zu Hause. Nein, es war noch viel mehr, diese Person war dann mein Zuhause. Und zwar das Zuhause, das ich nie hatte. Dadurch stellte ich die Person auf ein immens hohes Podest und gab ihr schnell

Macht über mich und meine Gefühlswelt. Dadurch machte ich mich emotional abhängig von ihr, was insbesondere bei manipulativen Menschen alles andere als optimal ist.

Heute kann mich wenig aus der Bahn werfen oder in meinem Kern erschüttern, denn ich habe gelernt, in mir selbst zu Hause zu sein und meine Bedürfnisse nicht mehr so stark von einem anderen Menschen abhängig zu machen. Aber letztendlich sind wir Säugetiere, die die Gemeinschaft brauchen. Wärme, Zuneigung, Liebe, Geborgenheit – natürlich kann ich mir das bis zu einem gewissen Grad selbst geben, aber gleichzeitig benötigen wir all das auch durch andere. Wir alle wollen gesehen und in den Arm genommen werden. Und diese elterliche Geborgenheit, die ein Zuhause zu einem Zuhause macht, kann man sich nicht selbst geben. Man kann sie auch nicht nachholen, aber genau das hoffte ich viele Jahre unbewusst und rannte so dieser Sehnsucht hinterher.

Vor allem suchte ich dieses Gefühl von Geborgenheit unbewusst in Beziehungen zu Männern. Für ein bisschen Geborgenheit und eine Umarmung machte ich alles. Es war, als ob ich die Lücke, die mein Vater hinterließ, in einer Partnerschaft füllen wollte. Ich denke, dass ich unbewusst gehofft habe, dass etwas oder jemand diese Leere füllt, die durch seine Abwesenheit entstanden ist. Doch diese Lücke blieb wie ein unerfüllter Wunsch, dem ich nachjagte und mich dabei verlor. So glaubte ich, dass ich in meinen Beziehungen immer mehr tun musste als der Mann. Ich verausgabte mich und tat alles, um zu genügen, weil ich glaubte, für Liebe und Geborgenheit muss ich etwas tun, etwas leisten. Ich gab alles für eine einzelne Umarmung. Es war, als würde ich der Umarmung mit meinem Papa im Krankenhaus nachlaufen und dem Wunsch, sie wiederholen zu können. Ein Partner konnte noch so undankbar sein und mich zutiefst schlecht behandeln – wenn ich in seinem Arm abends auf dem Sofa einschlafen durfte, waren alle Respektlosigkeiten vergessen. Ich spürte dann plötzlich so eine Ruhe, solch eine Zufriedenheit, dass sie mich blind für die Schädlichkeit der Beziehung machte. Es war die Ruhe und die Zufriedenheit, die ich damals spürte, als mein Vater mich dieses eine Mal auf dem Arm hielt. Hätte er mich doch bloß nie mehr aus den Händen gegeben.

Für diese Umarmung priorisierte ich meinen Partner und ließ alles sofort stehen und liegen, wenn er sich meldete und etwas unternehmen wollte. Wenn mein Partner Hilfe brauchte, sprang ich sofort, unabhängig davon, ob ich Kapazität dafür hatte. Ich schmiss nicht nur den Haushalt, kaufte Lebensmittel ein, bezahlte diese und kochte. Ich organisierte auch den Papierkram für meinen Partner, unterstütze ihn bei Behördengängen und achtete darauf, dass er seinen Termin beim Zahnarzt nicht verpasste. Ich motivierte ihn für eine Prüfung zu lernen und bereitete ihm sogar einmal eine Bewerbung für einen Job vor. Für die Wochenenden überlegte ich mir schöne Aktivitäten, plante und organisierte die Urlaube und hatte Verständnis dafür, dass ich auch hier erst mal wieder in Vorkasse ging. Kurzum, ich war eine Mutter, keine Partnerin.

Natürlich konnte ich das damals nicht sehen, weil ich in meinem eigenen Muster gefangen war und das Bewusstsein für all die Zusammenhänge zu meiner Kindheit noch nicht hatte. Deshalb übersah ich regelmäßig bei Typen sämtliche „red flags", sobald sie mir das Gefühl von zu Hause gaben. Ihre anfängliche Begeisterung und Euphorie mir gegenüber ebbte meist schnell ab und ihr Tatendrang ging schnell in eine Bequemlichkeit über. Respektlosigkeiten, Lügen und Widersprüche schlichen sich ein, die ich natürlich sofort bemerkte, aber für das Gefühl hinter der Umarmung nach einer lapidaren Entschuldigung in Kauf nahm.

Heute weiß ich, sobald sich ein Typ nach „dieser Art" von zu Hause anfühlt, sollte ich schleunigst die Beine in die Hand nehmen und rennen. Diese Erkenntnis musste ich erst schmerzlich lernen, nachdem ich blind in die Fänge eines Narzissten rannte. Ich erkannte es erst, als es schon zu spät war und ich mich mitten in einer Abwärtsspirale aus zerstörerischer Liebe befand. Dadurch, dass in meinem Zuhause selbstzerstörerische und toxische Strukturen, Verhaltensweisen und Beziehungsmuster als normal vorgelebt wurden, hatte ich eine ungesunde Definition von Liebe. Es war erstaunlich: In allen anderen Lebensbereichen war ich tough, stark und selbstbewusst, aber sobald ein gewisser Typ Mann um die Ecke kam, wurde ich zum Wurm, der sich für ein bisschen Geborgenheit und eine Umarmung regelrecht zerquetschen ließ. Ich suchte Liebe dort, wo Zerstörung sich unermüdlich ihren Weg suchte. Ich wusste, dass das nicht normal war, aber wir Menschen lernen meist erst durch Schmerz, und so dauerte es eine Weile, bis ich bereit war, mir anzuschauen, wieso ich einfach keine glückliche Partnerschaft aufbauen konnte. Erst als ich den Blickwinkel änderte und nicht mehr nur den Männern die Schuld gab, sondern erkannte, dass auch ich immer Teil jeder gescheiterten Beziehung war, änderte sich mein Leben zum Positiven. Denn ich betrachtete nicht mehr ausschließlich die Seite der Medaille, die mir die vermeintlichen Fehler der Partner zeigte, sondern schaute auch auf die andere Seite.

Die Seite mit meinen Mustern, Wünschen, Erwartungen, Bedürfnissen und Prägungen. Die Seite mit meiner Vergangenheit, meinen Erfahrungen und meiner Kindheit. Die Seite mit dem fehlenden Vater und der bedürftigen Mutter.

Ich denke, dass beide Elternteile schlichtweg versagt haben, was die Verantwortung mir gegenüber als Kind betrifft und das mich dieses Schicksal sowohl positiv als auch negativ geformt und Einfluss darauf genommen hat, wie ich Beziehungen eingegangen bin. Ich persönlich glaube, dass es wichtig ist, diese komplexen Zusammenhänge zu verstehen, es aber viel wichtiger ist zu wissen, dass wir nicht lebenslang dieses Kind bleiben müssen, welches vergebens auf einen Anruf oder eine Nachricht vom eigenen Vater wartet und die fehlende Liebe unbewusst als Erwachsener in einer Partnerschaft nachholen will.

Es war immer so, als ob mein Herz weiterhin in der Hoffnung lebte, dass mein Vater sich irgendwann doch noch melden würde. Als ob ein Teil in mir glaubte, dass er noch auftauchen, sich zu mir bekennen und mich damit aus der Dunkelheit herausziehen würde. Und doch kam nie etwas. Keine Glückwünsche oder ein Geschenk an meinem Geburtstag, keine frohen Botschaften an Weihnachten, kein Lebenszeichen. Nichts. Das war immer wie ein unerreichbares Ziel, ein Traum, der nie wahr wird. Ich fing an zu glauben, dass es an mir liegen musste. Und so schlich sich diese Sehnsucht in meine Partnerschaften ein. Wie eine Art selbsterfüllende Prophezeiung bekam ich auch hier oft keine Geschenke zum Geburtstag, da der Partner entweder kein Geld hatte, es vergessen hatte oder es unmittelbar zuvor einen Streit gab.

Diese Muster wiederholten sich in meinem Leben, bis ich es leid war, alles und jeden zu priorisieren, während ich immer nur zweite Wahl war. Und so begann ich, dieses Feuer in mir zu entfachen. Das Feuer, von dem ich eingangs gesprochen habe, welches ein erfülltes Leben will und nicht erst die Bestätigung oder Erlaubnis von anderen dafür braucht. Dieses Feuer, das nicht auf einen Anruf oder eine Nachricht wartet, von der man weiß, dass sie eh nie kommt. Dieses Feuer, das die Wunde heilt, indem es dazu antreibt, weiterzugehen und die Vergangenheit in Dankbarkeit loslassen zu können. Ich denke, dass dieses Feuer erstmals an dem Tag entfacht wurde, an dem ich zugleich vom Tod und der wahren Identität meines Vaters erfuhr.

Heute, nachdem ich dieses Ereignis und meine Kindheit aufgearbeitet habe, darf ich hin und wieder überprüfen, ob ich in ein altes Muster falle, wenn ich einem Menschen helfe oder eine Beziehung eingehe. Manchmal ist der Schmerz, ohne Vater aufgewachsen zu sein, noch spürbar. Aber ich kann ihn dann einfach wahrnehmen, beobachten, anerkennen und loslassen. Ich habe Verständnis für mein und auch für sein Schicksal – für unser Schicksal. Dieses Verständnis ist eine Entscheidung. Eine Entscheidung, die mir dient, um nicht vom Schmerz meiner Vergangenheit überwältigt zu werden, mich der Opferrolle hinzugeben und den Weg der Betäubung zu wählen, so wie es nahezu jeder bisher in meiner Familie getan hat. Ich kann sogar verstehen, wie verlockend es ist, das Angebot anzunehmen, den Schmerz von Verlust, Trauer, Wut, Hass, Zorn, Schuld, Scham und Minderwertigkeit nicht fühlen zu müssen, wenn man ihn kurz und schmerzlos in einem Glas Wein ertränken oder mit dem Heroin wegspritzen kann.

Oft hat der Teufel auch mich gerufen, wenn ich mich meinem Vaterthema gewidmet und am Abend die Erkenntnisse und den Schmerz an der Bar betäubt habe. Doch der Schmerz bleibt und ist am nächsten Tag durch das Verleugnen noch unerträglicher. Am Ende des Tages können wir alles Mögliche versuchen, den Schmerz zu kompensieren: Alkohol, Drogen, Sex, Essen, Glücksspiel. Die Vergangenheit wird dadurch jedoch nicht neu geschrieben. Im Gegenteil, oft fügen wir noch Schmerz hinzu, indem wir infolgedessen beispielsweise unnötiges Gewicht zulegen, Spielschulden erzeugen oder unserer Gesundheit durch Alkohol oder Drogen schaden und es uns wieder eine Menge Kraft kostet, den Schaden zu beseitigen. Kompensationsmittel sind so verlockend, weil sie in der Regel schnelle Heilung oder zumindest schnelle Schmerzlinderung versprechen.

Ich denke, wir Menschen sind es heutzutage gewohnt, eine schnelle Lösung präsentiert zu bekommen. Wenn ich Hunger habe, kann ich mit dem Auto schnell irgendwo ranfahren und mir Fast-Food (schnelles Essen) besorgen. Wenn ich Kopfschmerzen habe, nehme ich eine Tablette und sie sind zügig beseitigt. Wenn mir langweilig ist, kann ich den Fernseher einschalten und mich berieseln lassen. Wenn ich ein Produkt haben will, kann ich es mit einem Klick im Internet bestellen und per Expressversand am nächsten Tag erhalten.

Die Schnelllebigkeit in der Welt sorgt meiner Meinung nach dafür, dass wir ungeduldiger geworden oder sich zumindest der Anspruch in

Bezug auf Lösungsansätze verändert hat. Zudem sind die meisten Kompensationsmittel schlichtweg bequemer. Denn seien wir mal ehrlich, sich mit einer Freundin ein Glas Sekt gönnen und sich dabei über das letzte misslungene Date auslassen, ist einfacher, als zum Therapeuten zu gehen und herauszuarbeiten, warum sich gewisse Muster in Partnerschaften oder auf Dates wiederholen. Natürlich müssen wir nicht jedes misslungene Date bis zum Ultimo analysieren. Manchmal passt es schlichtweg nicht. Aber wenn wir immer wieder und wieder unter gewissen Situationen leiden, sie uns triggern oder ärgern, ist es vielleicht an der Zeit, das Sektglas mit der Freundin vorerst stehen zu lassen und das Problem an der Wurzel zu packen. Sonst laufen wir Gefahr, immer nur an der Oberfläche zu kratzen und nichts in unserem Leben zu verändern.

Gelegentlich gehe ich zum Grab meines Vaters und denke daran, dass ihn die Wahl der Kompensationsmittel viel zu früh dorthin gebracht hat. Auch er ertrank seinen Kummer im Alkohol und suchte den Ausweg im Heroin. Sein Geburtstag ist Anfang November, kurz vor meinem Geburtstag. Einmal feierte ich an seinem Grab mit einem guten Freund seinen Geburtstag. Wir kampierten mit Campingstühlen, einer Decke und warmen Tee vor dem Grab, setzten einen Party-Hut auf, ließen Musik laufen und entzündeten eine Kerze. Ich wollte wenigstens einmal den Geburtstag meines Vaters feiern.

Solche Momente bleiben schwierig, egal wie viel Zeit vergeht. Da ist einfach eine Lücke, die hin und wieder wie ein schwerer Stein in meinem Magen liegt. Ein Stein, mit einem Mix aus verschiedenen Emotionen. Es ist so, als gäbe es für diese Emotion kein Wort, denn es ist so schwierig, für jemanden etwas zu fühlen, den man nicht kennt. Es fühlt sich einfach so surreal an, um einen Menschen zu trauen, den man nie bewusst wahrgenommen hat. Es ist komisch, einen Menschen zu vermissen, dessen Stimme man nicht mal im Gedächtnis hört, weil man diese nicht kennt. Er ist wie ein Phantom und verursacht dennoch Schmerz, wie ein ganz kleiner feiner Splitter unter der Haut, den du kaum siehst. Du kannst ihn nicht greifen und dennoch spürst du seine Anwesenheit. Manche Splitter können wir ziehen, mit manchen müssen wir lernen zu leben.

Wir haben immer die Möglichkeit, zu wählen. Die Möglichkeit, ob wir uns dem Schmerz stellen oder ihn kompensieren. Die Möglichkeit, welcher Emotion wir Raum geben, welche Seite der Medaille wir betrachten. Du entscheidest, ob der Schmerz dich einnimmt, oder ob du ihn zum Antrieb für etwas Großartiges in deinem Leben nutzt. Du entscheidest, wie viel Raum du deiner Vergangenheit gibst und du allein entscheidest, wie deine Vergangenheit deine Zukunft formt. Nadelstich oder Dienstmarke?! Diese Wahl hast du immer.

Die Feder des Lebens

Das Leben ... wie oft habe ich es verflucht! Du auch? Wie oft hast auch du dich schon gefragt, warum gerade ich? Es gibt Tage, da scheint die Welt sich gegen dich verschworen zu haben. Als ob das Schicksal es sich zur Aufgabe gemacht hat, dir das Leben schwer zu machen, dich mit Herausforderungen und Rückschlägen zu überhäufen. Und während du kämpfst und strampelst, schaust du dich um und siehst andere, denen scheinbar alles zufliegt. Sie haben das perfekte Leben – so scheint es zumindest. Sie sind reich, glücklich, schön, wohlhabend, als ob das Leben für sie keine Last, sondern ein Geschenk ist. Du siehst dich selbst inmitten all dessen, und es schmerzt. Da ist dieser stechende Gedanke, diese Frage, die dich nachts wachhält: „Warum ich? Warum muss ich den schweren Weg gehen, während andere auf goldenen Straßen wandeln?"

Manchmal fühlt es sich an, als sei das Leben ungerecht. Als hätte es dich ins Visier genommen, als wäre dein Schicksal eine Feder, die vom Wind des Lebens hin und her geweht wird – mal hoch hinaufgetragen, mal hart auf den Boden geworfen. Die Feder des Lebens ist eine zarte, fast unsichtbare Macht. Sie bewegt sich scheinbar willkürlich durch die Lüfte, leicht und unbeschwert, doch oft auch haltlos und ohne festen Grund. Sie fliegt in unvorstellbare Höhen, in denen die Sonne dein Gesicht wärmt und die Aussicht atemberaubend ist. Dann, ohne Vorwarnung, stürzt sie ab, wirbelt durch die Kälte, durch Stürme, die dir den Atem rauben. Du fühlst dich verloren, als ob du der Schwerkraft ausgeliefert wärst, gefangen in einem freien Fall, ohne die Gewissheit, je wieder Boden unter den Füßen zu spüren. Es ist leicht, in solchen Momenten den Glauben zu verlieren. Es ist einfach, an das Unrecht zu glauben, das dir widerfährt. Das Leben erscheint dir wie ein unberechenbares Spiel, indem du die schlechten Karten zugespielt bekommst. Aber ist das wirklich die ganze Wahrheit? Was wäre, wenn diese Feder des Lebens nicht nur willkürlich durch die Lüfte tänzelt? Was, wenn du in der Lage bist, ihr eine Richtung zu geben? Es ist eine Vorstellung, die Mut erfordert; eine, die schwer zu akzeptieren ist, wenn alles um dich herum in Scherben liegt. Aber vielleicht liegt genau darin die Kraft, dein Schicksal zu formen.

Es ist okay, Zweifel am eigenen Schicksal zu haben. Jeder Mensch, den du bewunderst, jeder, der scheinbar alles hat, hat irgendwann an seinem Schicksal gezweifelt. Doch das Geheimnis liegt darin, sich selbst zu vertrauen, auch wenn die Welt dich hin und her wirbelt. Vielleicht warst du nicht dazu bestimmt, den einfachen Weg zu gehen, aber das bedeutet nicht, dass dein Weg weniger wert ist. Im Gegenteil: Dein Weg, deine Kämpfe und dein Durchhalten formen dich, sie machen dich stärker und weiser. Die Feder des Lebens wird nie aufhören sich zu bewegen. Sie wird immer zwischen den Winden tanzen, mal leichtfüßig, mal schwerfällig. Aber es liegt an dir, sie zu lenken. Akzeptiere, dass du der Gestalter deines Lebens bist, auch wenn es sich manchmal anders anfühlt. Du wirst fallen, du wirst fliegen, aber am Ende bist du es, der die Richtung bestimmt. Denn letztlich geht es nicht darum, ob das Leben dir Gutes oder Schlechtes beschert. Es geht darum, wie du diese Momente erlebst, was du daraus machst. Du bist nicht das Opfer deines Schicksals. Du bist derjenige, der seine Feder immer wieder aufrichtet und neu in den Wind hält, egal wie oft sie zu Boden fällt. Das Leben mag nicht immer fair sein, doch es bietet dir die Chance, dich selbst zu finden und deine eigene Geschichte mit der Feder des Lebens zu schreiben. Und vielleicht – nur vielleicht – ist das der größte Triumph von allen.

Aber lass uns ehrlich sein – es ist leicht, über das Schicksal zu sprechen, es zu analysieren und zu akzeptieren, wenn man eine gewisse Distanz hat. Doch was ist, wenn es wirklich um dich geht? Was, wenn du derjenige bist, der das Gefühl hat, immer den kürzeren Strohhalm zu ziehen? Ich erinnere mich nur zu gut an diese Zeiten. Zeiten, in denen ich das Gefühl hatte, das Leben hätte es auf mich abgesehen.

Ich war noch ein Kind, als ich begann, den Unterschied zwischen meinem Leben und dem der anderen zu erkennen. In der Schule habe ich mich oft gefragt, warum das Leben so ungerecht verteilt. Da waren meine Freundinnen, die aus guten Elternhäusern kamen. Eltern mit angesehenen Jobs, dicken Autos und einem Einfamilienhaus im guten Stadtteil. Ihre Eltern waren vielleicht auch nicht perfekt, aber sie waren da, kümmerten sich, sorgten für ein warmes Zuhause. Bei ihnen habe ich gesehen, wie ein normales Familienleben aussieht. Ein Leben ohne Angst, ohne ständige Sorgen, ohne das Chaos, das meine Kindheit bestimmte. Es war, als würde ich durch einen dünnen Schleier in eine Welt blicken, die so nah und doch unerreichbar war.

In den Häusern meiner Freundinnen war alles anders – es gab Struktur, Sicherheit und vor allem Liebe. Ich glaube, das war meine Rettung. In ihrer Normalität fand ich etwas, das mir in meinem eigenen Zuhause fehlte. Es gab mir einen Anker, zeigte mir, dass es auch anders geht. Diese Einblicke waren wie kleine, leuchtende Federn, die mir halfen, mich durch das Chaos zu manövrieren, das mein Zuhause war. Doch so sehr diese Freundschaften mich stärkten und mir halfen, Resilienz zu entwickeln, so sehr war ich mir auch immer meiner Außenseiterrolle bewusst. Ich war das Kind aus der „anderen" Familie – die, über die getuschelt wurde. Das Mädchen, das kein Geld hatte, das ohne Frühstück in die Schule kam, weil zu Hause nichts da war. Manchmal packten die Mütter meiner Freundinnen mir eine Brotbox mit. Eine nette Geste, die mir aber jedes Mal schmerzhaft vor Augen führte, wie anders mein Leben war. Ihre Mütter packten ihnen diese Boxen so liebevoll. Kennst du die Kinder, die sogar Toastscheiben in Bärchen-Form hatten? Wenn ich früher so was sah, nannte ich es kindisch. Aus Schutz. Mein Schmerz war einfach zu groß, denn was hätte ich alles für eine eigene Brotbox mit Liebe und Toast in Bärchen-Form getan.

Ich erinnere mich noch genau daran, wie sich dieses Gefühl durch mein ganzes Leben zog. Als ich älter wurde, änderte sich nichts daran, dass ich immer das Gefühl hatte, am Rand zu stehen. Meine

Freundinnen trugen die neusten Markenklamotten, hatten schicke Schulrucksäcke und angesagte Schuhe. Ich hingegen konnte mir das alles nicht leisten. Ich weiß noch, wie ich ihre „abgetragenen" Sachen bekam – einerseits war ich froh darüber, andererseits fühlte es sich auch beschämend an. Es war, als ob das Leben mir ständig vor Augen führte, dass ich nicht dazugehöre, dass ich weniger wert war, weil ich nicht die gleichen Dinge hatte wie die anderen. Es war ein seltsames Gefühl, eine Mischung aus Dankbarkeit und Scham. Dankbar, weil ich Freundinnen hatte, die mir halfen, die mir gaben, was ich nicht hatte. Aber auch beschämend, weil mir diese Dinge jedes Mal zeigten, wie ungerecht das Leben zu sein schien. Ich fragte mich oft, warum ich in eine solche Familie hineingeboren wurde, während andere alles zu haben schienen – Eltern, die sich kümmerten, gute Berufe, ein schönes Haus mit Garten, Pferden und Hund, wie im Bilderbuch.

Ich hingegen bekam einen 0-8-15-Rucksack und schrieb aus Verzweiflung sogar einmal mit einem Edding die Marke darauf.

Es war einfach so unfair. Die Feder des Lebens hatte mich auf einen Weg geworfen, den ich mir nicht ausgesucht hatte, und ich kämpfte oft mit der Bitterkeit, die damit einherging. Je älter ich wurde, desto mehr verstand ich, dass ich es irgendwie schaffen musste, diese Feder zu lenken. Ehrlich gesagt, blieb mir auch nichts anderes übrig. Ich hatte immer diesen unerschütterlichen Willen in mir, „es zu schaffen". Irgendwann selbst den guten Job zu haben, das dicke Auto zu fahren und mir die Markensachen kaufen zu können, auf die ich Lust habe. Ich wusste damals als Teenager noch nicht, dass es am Ende nicht um diese materiellen Dinge geht. Aber es gab mir Antrieb, etwas aus meinem Leben zu machen. Mich meinem Schicksal nicht zu beugen, nicht zu akzeptieren, dass ich aus einfachsten Verhältnissen komme, wo Gerechtigkeit keinen Platz hat. Nein, das war niemals eine Option für mich. Ich wollte raus da, nach oben, wollte mehr vom Leben. Ich wollte einfach nicht akzeptieren, dass manche scheinbar alles hatten und ich so wenig.

Als ich 16 war, fuhr ich bei dem Vater einer Freundin das erste Mal in einem SUV der Marke Land Rover mit. Ich war fasziniert! Die Ledersitze, das Automatikgetriebe, die Tatsache, dass man höher sitzt als andere in ihren kleinen Autos. Der Geländewagen, und mag es noch so albern klingen, löste irgendwas in mir aus, dass ich mir an diesem Tag schwor: „Erst, wenn ich dieses Auto einmal selbst fahre, habe ich es geschafft." An diesem Tag stand fest, dass ich es nicht akzeptieren werde, dass ich mir dieses Auto aufgrund der Umstände, in die ich hineingeboren wurde, nicht leisten kann. Das Auto repräsentierte für mich vermutlich unbewusst das Klassensystem. Die und wir. Die Reichen und wir, die Armen. Die Eliten und wir, die Asozialen. Ironischerweise konnte mich der Vater dieser Freundin auch nicht leiden. Daraus machte er keinen Hehl.

Das ging mir oft so. Die Mütter mochten mich immer, umsorgten mich. Vermutlich tat ich ihnen leid. Die Väter zeigten mir oft die kalte Schulter. Wie naheliegend, da mein eigener Vater mir ja auch keine Schulter zum Anlehnen bot. Einmal hörte ich, wie ein Vater seine Frau fragte, ob ich schon wieder Abendbrot mitessen würde. Und das in einer Art, die mir ganz klar sagte, dass ich störte. Aber hey, das ist okay! Vermutlich wollten diese Väter ihre Töchter schützen, ich war ja hin und wieder auch etwas wild und rebellisch und vermutlich hatten die Väter Angst, dass „die" aus der „schwierigen Familie" einen „schlechten Einfluss" auf ihre Töchter haben könnte. Oder sie hatten schlichtweg keine Lust, ein weiteres Mäulchen am Essenstisch zu stopfen. Irgendwie motivierte mich die Ablehnung und die überhebliche Art der Väter sogar regelrecht, „es ihnen allen zu zeigen", auch etwas aus meinem Leben zu machen. Es war, als setzte ich mir in den Kopf, es allen später einmal zu beweisen, dass ich auch jemand war, als glaubte ich unbewusst, ich müsste anhand von Leistung beweisen, dass ich es wert bin, dazuzugehören und ich mir meinen Platz am Essenstisch verdient hatte.

Es gab mir Ansporn, mehr aus meinem Leben rauszuholen als nur geschenktes Mitleid und abgetragene Klamotten. Letztendlich motivierten mich diese Familien und sicherlich trugen sie auch dazu bei, dass ich nicht auf die „schiefe Bahn" geriet. Denn oft machte ich mit diesen Freundinnen nach der Schule gemeinsam bei ihnen zu Hause die Hausaufgaben, wir lernten für Klausuren und später auch für das Abitur. Der Vater einer meiner Freundinnen war Lehrer bei uns auf dem Gymnasium und ich lernte dort, was Disziplin bedeutet. Auch wenn ich intrinsisch dafür sorgte, meinen Pflichten in der Schule nachzukommen, gab es diese wilde Seite in mir, die keine Grenzen kannte und entsprechend auch gar keine Lust hatte, sich an Regeln zu halten oder sich anzupassen. Es war vermutlich meine Rettung, immer die richtigen Freunde bzw. das richtige Umfeld gehabt zu haben, in dem die Eltern dann auch mal durchgriffen und einen Riegel vorschoben, wenn wir über die Stränge schlugen.

Auch heute beherzige ich es noch, ein Umfeld zu haben, an dem ich mich indirekt orientieren kann. Ich schaue immer, dass es mich inspiriert. Dass ich mich mit Leuten umgebe, die bereits da sind, wo ich hinwill. Das heißt nicht, dass ich Menschen in Kategorien unterteile oder danach bewerte, an welchem Punkt sie im Leben stehen. Es hat eher etwas damit zu tun, dass ich mir Orientierungspunkte im Außen suche, an denen ich mich langhangeln kann, um meine eigenen Ziele und Visionen zu erreichen. Orientierungspunkte, wohin ich die Feder des Lebens als nächstes lenken will und wie ich dabei den Wind am günstigsten nutzen kann. Am Ende des Tages musst du aber dennoch den Weg allein gehen und die nötigen Schritte selbst einleiten. Umfeld hin oder her, die Arbeit zum Erfolg übernimmt keiner für dich.

Übrigens: Nachdem ich das Studium bei der Polizei erfolgreich beendet hatte, ging ich als Erstes zu Land Rover – in Jogginghose, nur um das Anzugsbild zu stören – und finanzierte mir einen Range Rover. So, wie ich es mir damals auf der Rückbank in den Kopf gesetzt hatte. Einen mit Automatikgetriebe und Ledersitzen, wie ihn der Vater meiner Freundin fuhr und dachte, er sei damit automatisch etwas Besseres als diejenigen, die noch mit der Feder des Lebens zu kämpfen hatten. Es war eine Art Genugtuung für mich selbst und für alle, die glaubten, sich ihrem Schicksal beugen zu müssen, weil sie nicht aus diesen Familien kamen, in denen die Eltern die guten Jobs hatten und dicken Autos fuhren.

Der Weg zur Dienstmarke

Ja, mein Weg war schwieriger zu gehen, aber er hat mich auch stark gemacht. Er hat mir gezeigt, dass das Leben zwar ungerecht sein kann, dass es aber auch Momente gibt, in denen man über sich hinauswachsen kann. All meine Erfahrungen, so schmerzhaft sie auch waren, gaben mir die Kraft, weiterzugehen. Doch irgendwie lag auf meinem Weg immer so ein leichter Schleier ein Rauschen. Diese Gefühle, irgendwie nicht dazuzugehören, anders zu sein, haben mich auch im Erwachsenenalter begleitet. Selbst als ich begann, meinen eigenen Weg zu finden, war da immer diese leise Stimme im Hinterkopf, die mir zuflüsterte, dass ich nicht dazugehöre. Dass ich vielleicht nicht gut genug bin, um den Platz zu verdienen, an den ich mich gekämpft habe. Auch der langersehnte Range Rover konnte dieses Gefühl, diese leise Stimme nicht beenden und ich begriff, es geht nicht um materielle Dinge. Nicht, wie damals um die Markenschuhe und auch nicht wie heute, um die Beförderung oder den Dienstgrad. Es ging um etwas Subtileres.

Ich erinnere mich noch gut an die Zeit, als ich mich entschloss, zur Polizei zu gehen. Ein Schritt, der in vielerlei Hinsicht einem Sprung ins Ungewisse glich. Auch hier fühlte ich mich oft wie die Außenseiterin, die einen Platz in einer Welt gefunden hatte, die eigentlich nicht für sie gedacht war. Während meines Studiums und später in meiner Laufbahn hatte ich oft das Gefühl, dass die anderen irgendwie „besser" passten. Viele meiner Mitschüler und späteren Kollegen kamen aus Familien, in denen das Arbeiten bei der Polizei eine Tradition war. Ihre Eltern, manchmal auch Großeltern, hatten bereits gehobene Positionen in der Polizei inne. Sie waren mit diesem Umfeld aufgewachsen, kannten die ungeschriebenen Regeln und bewegten sich mit einer Selbstverständlichkeit in dieser Welt, die mir fremd war. Ich hingegen war das „Ghetto-Kind", das es geschafft hatte, aus einem drogenbelasteten Zuhause herauszukommen. Ich war die Erste in meiner Familie, die überhaupt studierte. Ein Umstand, auf den ich stolz bin, der mich aber auch oft unsicher machte. Denn in dieser hierarchischen und elitären Welt der Polizei fühlte ich mich manchmal fehl am Platz. Da war immer das Gefühl, dass die anderen dieses Image der Polizei besser repräsentierten – mit ihrem Hintergrund, ihrer Geschichte und ihrem Auftreten. Ich war anders. Irgendwie nahbarer. Vielleicht etwas rauer um die Kanten, dadurch aber authentischer und realer. Ich konnte nicht anders, als Dinge auf meine Weise zu machen, was auch hier nicht immer auf Zustimmung stieß. Ich habe oft gezweifelt, ob ich hier wirklich hingehöre. Ob ich diesen Platz verdient habe, in einer Welt, die so stark von Ordnung und Tradition geprägt ist, während mein eigener Weg alles andere als geradlinig war. Doch trotz all dieser Zweifel habe ich immer weitergemacht. Ich wusste, dass ich nicht die perfekte Polizeibeamtin war – nicht die, die die glänzendste Uniform trug oder die makelloseste Akte hatte. Aber ich wusste auch, dass ich etwas mitbrachte, das mindestens genauso wichtig war:

eine tiefe Verbundenheit mit der Realität, mit den Menschen, die es im Leben nicht leicht hatten. Ich wusste, was es bedeutete, zu kämpfen, zu scheitern und wieder aufzustehen. Und diese Erfahrungen haben mich nicht nur zu der Person gemacht, die ich bin, sondern auch zu der Polizistin, die ich heute bin. Es hilft mir, Menschen nicht zu bewerten oder zu verurteilen. Egal, wie die Umstände eines Einsatzes sind. Ich weiß, wie verzweifelt Menschen sein können und zu welchen Mitteln sie daraus resultierend manchmal greifen. Ich kann ihren Schmerz spüren, sogar ihre Kälte oder Gleichgültigkeit verstehen. Weil ich darin aufwuchs.

Als ich mich während meines dualen Studiums bei der Polizei entscheiden musste, ob ich in den Streifendienst oder zur Kriminalpolizei gehen wollte, fiel meine Wahl auf die Kriminalpolizei. Rückblickend glaube ich, dass diese Entscheidung stark von meiner eigenen Vergangenheit geprägt war. Während der Einsätze im Streifendienst wurde ich immer wieder mit Situationen konfrontiert, die mich an meine eigene Kindheit erinnerten – an das Chaos, die Unsicherheit und die Verletzlichkeit, die ich selbst erlebt hatte. Denn in der Realität wird die Polizei selten zu glücklichen Anlässen gerufen. Die Einsätze führen oft an Orte und zu Menschen, wo das Leben aus den Fugen geraten ist, wo Gewalt, Drogen oder Vernachlässigung den Alltag bestimmen.

Einer dieser Einsätze hat sich tief in mein Gedächtnis eingebrannt. Wir wurden zu einem Haus gerufen, in dem ein junges Kind unter katastrophalen Bedingungen lebte. Die Eltern waren durch Alkohol und Drogen so beeinträchtigt, dass sie nicht in der Lage waren, sich um ihren Sohn zu kümmern, einen Jungen im Grundschulalter. Als wir dort ankamen und die Lage erfassten, war schnell klar, dass wir das Kind in die Obhut einer anderen Behörde geben mussten. Der Junge saß still auf der Rückbank unseres Streifenwagens, die Augen groß und voller Fragen, seine Hände fest um einen kleinen Stoffhasen geklammert, der sein einziger Begleiter in diesem Moment zu sein schien. Als wir an unserem Ziel ankamen und es Zeit war auszusteigen, kniete ich mich vor die geöffnete Wagentür, auf Augenhöhe mit dem Jungen. Ich sah ihn an und sagte mit sanfter Stimme, dass alles gut werden würde, dass er es im Leben schaffen könnte, egal woher er kommt oder was er bisher erlebt hat. In diesem Augenblick fühlte ich mich wie die Polizistin, die mir damals Mut zugesprochen hatte, als ich selbst ein Kind war. Es war, als würde sich ein Kreis schließen – als wäre ich nun in ihrer Rolle, der Rolle derjenigen, die Hoffnung und Zuversicht schenkt, auch wenn die Umstände alles andere als ideal sind. Dieser Moment hat mich zutiefst bewegt und mir gezeigt, dass ich, so wie der Junge, in eine ähnliche Welt hineingeboren wurde, eine Welt, die oft hart und ungerecht ist. Vielleicht habe ich mich deshalb für die Kriminalpolizei entschieden, weil ich spürte, dass ich diesen ständigen emotionalen Herausforderungen des Streifendienstes nicht immer gewachsen wäre. Die Kriminalpolizei gab mir die Möglichkeit, etwas distanzierter zu arbeiten, analytisch und methodisch, ohne täglich unmittelbar mit meiner eigenen Vergangenheit konfrontiert zu werden, dachte ich zumindest. Da ich im Rauschgiftdezernat bei der Kriminalpolizei landete, war dies natürlich ein Irrglaube. Hier suchten mich die Schatten meiner Kindheit kontinuierlich heim, da ich aufgrund meiner Tätigkeit ununterbrochen mit Drogen aller Art, meist im Kilobereich, konfrontiert wurde.

Ich erinnere mich an eine Situation, als ein Kollege und ich bei beschlagnahmtem Rauschgift mit einem vorgesehenen Test die Substanz bestimmen sollten. Der Kollege entnahm eine geringe Probe von einer Heroin-Kugel und wir führten den Test durch. Die Annahme bestätigte sich, die Substanz färbte sich tiefschwarz – Heroin. Es sah aus wie flüssiger Teer, tiefschwarz wie die Nacht. In dem Moment schoss mir nur ein Gedanke durch den Kopf: „Das haben sich meine Eltern in den Körper gejagt!" Während ich anschließend die weiße pulvrige Substanz auf Kokain testete, fragte ich mich, ob das Drogendezernat tatsächlich der richtige Ort für mich sei: Täglich mit Teufelswerk konfrontiert. Es brachte mir meine Kindheit nun auch nicht zurück, den ein oder anderen Drogenboss zu ermitteln.

Manchmal frage ich mich, ob ich heute eine andere Entscheidung treffen würde. Vielleicht hätte ich mich auch zu einer großartigen Streifenpolizistin entwickelt. Aber damals, in diesem Moment, fühlte es sich richtig an, den anderen Weg zu wählen. Ich denke oft an diesen Jungen zurück, der mir in so vielem ähnelte, und an den Moment, in dem ich ihm Mut zusprach, genau wie es mir einst als Kind widerfahren war.

Die Arbeit bei der Polizei kann hart sein, du solltest eine gewisse Distanz wahren, um selbst nicht an den vielen Schicksalsschlägen zu zerbrechen, mit denen du aufgrund der Einsatzumstände konfrontiert wirst. Mit meiner hochemphatischen Art fiel mir das nicht immer leicht, ich bin schnell bei anderen, fühle deren Schmerz, deren Leid, deren Bedürfnisse und neige dazu, diese für meine eigene Emotion zu halten. Ich bin die Art von

Polizistin, die sich die Dinge zu Herzen nimmt, nicht ausschließlich rational handelt, was bis zu einem gewissen Grad in diesem Job aber notwendig ist. Gefühle haben hier wenig Platz, sind Autorität und Dominanz doch vorherrschend. Aber so bin ich nun mal. Emotional, authentisch, echt. Einfach ich. Das verändert auch keine Uniform.

Letztendlich ist es diese Form von Authentizität, die mich überhaupt zur Polizei gebracht hat. Diese Fähigkeit auf meine eigene innere Stimme zu hören und nicht an mir oder meiner Wahrheit zu zweifeln, nicht daran zu zweifeln, wer ich bin und was ich kann. Wenn ich daran denke, denke ich automatisch an den langen Weg, den ich zurückgelegt habe, um hier zu stehen. Wie ich all die Hindernisse überwunden habe, angefangen bei meiner Bewerbung bei der Polizei, von der ich zunächst niemandem erzählt hatte.

Es war ein stiller Traum, den ich für mich bewahrte, ein Ziel, das mir als unerreichbar erschien und doch so verlockend war. Jemand wie ich bei der Polizei? Dieses Privileg war in meinem Kopf nur denen aus den guten Familien vorbehalten. Du weißt schon, die, wo die Eltern die dicken Autos fahren. Ein Glaubenssatz, den ich fälschlicherweise in mir trug und zum Glück nie genug Raum gab, um mich von meinem Traum abhalten zu lassen. Mit einem Vorbereitungsbuch übte ich für die Einstellungstests bei der Polizei. Ich wiederholte die Übungen immer und immer wieder und ging regelmäßig zum Sportplatz, um für die sportliche Aufnahmeprüfung zu trainieren.

Ich erinnere mich noch gut an den Tag vor der Prüfung. Ich war besorgt, weil ich beim Üben die vorgegebene Zeit für den 2000-Meter-Lauf nicht schaffte. An diesem Abend erzählte ich meinem guten Freund, der, mit dem ich einst die Geburtstagsparty am Grab meines Vaters schmiss, davon und klagte ihm mein Leid. Ich hatte die Runden auf dem Sportplatz zeitlich gestoppt, doch egal, wie sehr ich mich anstrengte, ich kam nicht an die geforderte Zeit heran. Verzweifelt und enttäuscht weinte ich und war fest entschlossen, am nächsten Tag nicht zur Aufnahmeprüfung der Polizei zu fahren. Doch mein Freund sprach mir Mut zu: „Wenn du es nicht probierst, hast du schon verloren", sagte er. Diese Worte blieben mir im Kopf und gaben mir den letzten Anstoß. Und so fuhr ich am nächsten Tag früh morgens doch nach Leipzig zur Aufnahmeprüfung. Die ganze Strecke von Kassel nach Leipzig hatte ich nur dieses Ziel im Kopf und manifestierte mir: in der vorgeschriebenen Zeit durchs Ziel laufen!

Ich absolvierte alle Tests mit Bravour. Den Intelligenztest am Computer, den Amtsarzt und das Einstellungsgespräch, wo man mir entgegen meiner tiefsten Angst sagte: „Genau so jemanden wie sie brauchen wir bei der Polizei!" Schließlich stand nur noch die gefürchtete Sportprüfung aus. Ich wusste, dass ich die Laufzeit bisher nie geschafft hatte, und mein Herz pochte vor Nervosität an der Startlinie. Der Startschuss fiel. Der Polizeitrainer stand am Ziel und rief lautstark die Zwischenzeiten durch. Runde um Runde spürte ich, wie die Erschöpfung in meinen Körper kroch, und als ich in die letzte Runde einbog, wusste ich, dass die Zeit knapp werden würde. Die Sekunden verrannten, und ich sah den Trainer auf der anderen Seite des Platzes, wie er mir die verbleibende Zeit zurief. Es waren nur noch ein paar Sekunden und immerhin noch eine halbe Stadionrunde zu laufen, als plötzlich irgendetwas in mir – ein Funken Entschlossenheit, eine unaufhörliche Willenskraft – entflammte. Ich wusste, ich konnte jetzt nicht aufgeben. Niemals würde ich es zulassen, dass dieser schier unmögliche Traum an ein paar Sekunden scheitern würde. Das würde ich auf keinen Fall akzeptieren. Der Weg vom Nadelstich zur Dienstmarke hatte mich einfach zu viel gekostet, als ob ein paar Sekunden mir und meinem Schicksal einen Strich durch die Rechnung machen könnten. Niemals! Und so sprintete ich los, mobilisierte meine letzten Kräfte, meine Beine trugen mich fast wie von selbst. Ich weiß nicht, was es war, aber all die schmerzlichen Momente in meinem Leben, in denen ich fälschlicherweise glaubte, nicht gut genug zu sein, schienen sich hier freien Lauf zu machen und so rannte ich, als hinge mein Leben davon ab, und schaffte es in letzter Sekunde über die Ziellinie. Es war ein unbeschreibliches Gefühl, der Triumph, die Erleichterung, die Freude. Dieser Moment steht für mich sinnbildlich dafür, dass ich immer alles gebe, wenn ich es wirklich will und das kein Ziel unerreichbar ist, solange ich alles dafür gebe.

Wenn ich auf meinen Weg zurückblicke, wird mir eines immer wieder klar: Es ist nicht wichtig, wo du herkommst oder welche Lasten du mit dir trägst. Entscheidend ist, wie du deinen Weg gehst, welche Entscheidungen du triffst und ob du bereit bist, für deine Träume zu kämpfen. Mein Leben war nie geradlinig. Es war geprägt von Umwegen, Zweifeln und Momenten, in denen ich mich verloren fühlte. Aber all diese Erfahrungen haben mich zu dem Menschen gemacht, der ich heute bin – authentisch, stark und unbeugsam. Ich habe nie den einfachen Weg gewählt, weil ich ihn nicht kannte. Stattdessen bin ich den Weg gegangen, den mein Herz mir gezeigt hat, auch wenn er manchmal steinig war. Und genau das möchte ich dir mit auf den Weg geben: Lass dich nicht von den Widrigkeiten des Lebens entmutigen. Deine Geschichte ist einzigartig, und nur du kannst sie schreiben. Du musst nicht den Erwartungen anderer entsprechen, sondern deinen eigenen Idealen folgen. Egal, wo du aktuell stehst, ob du Zweifel hast oder dich fragst, ob das Leben es gut mit dir meint – vertraue darauf, dass du die Kraft in dir hast, alles zu erreichen, was du dir vornimmst. Bleib dir selbst treu, sei mutig und halte an deinen Träumen fest. Denn am Ende des Tages zählt nicht, wie perfekt dein Leben von außen aussieht, sondern wie wahrhaftig du es gelebt hast. Du hast die Feder in der Hand. Schreib deine eigene Geschichte. Gehe deinen eigenen Weg. Und lass dich niemals aufhalten.

Der Verrat

Meine Mama und ich wohnten bis zu meinem zweiten Lebensjahr bei meinen Großeltern. Da sie mich ungeplant mit 19 Jahren bekam, lebte sie noch bei ihren Eltern. Noch während der Schwangerschaft trennte sie sich von meinem leiblichen Vater, da er damals schon dem Alkohol zugetan war und sie in einem Streit schlug. Ich habe mich sogar in einer Hypnose daran erinnern können, dass ich tatsächlich im Mutterleib den ständigen Terror und die Schläge mitbekommen habe. So verrückt es auch klingen mag, ich hatte das Gefühl, als hätte ich im Bauch schon meine Mama beschützen wollen.

Als meine Mama ihren damaligen Partner kennenlernte, dessen Nachname ich auch heute noch trage, zogen wir bei meinen Großeltern aus und ziemlich schnell heirateten die beiden. Ich war knapp 3 Jahre alt und hatte nun einen Papa. Zumindest glaubte ich das, da man mir diesen Mann so verkaufte. Wir machten gemeinsame Urlaube, es gab einen geregelten Alltag,

Unternehmungen und irgendwie ein normales Zuhause. Dieses „Normal" hielt allerdings nur kurz an, denn so schnell die beiden heirateten, so schnell ließen sie sich aus diversen Gründen auch wieder scheiden. Es gab wohl viele Streitereien und Eifersuchtsdramen.

Ich weiß noch, dass ich meinen vermeintlichen „Papa" hin und wieder an den Wochenenden besuchte. Er hatte sehr schnell wieder eine neue Frau, die noch schneller schwanger war (irgendwie hatten die Menschen es damals mit der Schnelligkeit). Sie brachte bereits einen Sohn aus vorheriger Partnerschaft mit. Ich befand mich also, wenn ich meinen „Papa" besuchte, plötzlich in einer „neuen Familie". Die neue Frau mochte mich nicht, das spürte ich. Sie sagte mir einmal gehässig im Supermarkt an der Kasse, dass ihr Sohn nicht mein Bruder sei. Ich verstand die Welt nicht mehr. Ich erinnere mich aber noch ganz genau daran, obwohl ich nicht mal ganz fünf Jahre alt war, denn sie gab mir klar zu verstehen, dass ich nicht zu diesem Familiensystem gehörte, dass ich dort keinen Platz hatte. Alsbald zog diese Familie in den Süden Deutschlands und am letzten Tag setze mich mein „Vater" wohl bei meinen Großeltern vor der Tür ab und sagte mir kurzerhand im Auto, dass er nicht mein richtiger Vater sei. Tatsächlich erinnere ich mich nicht mehr daran und weiß das nur von den Erzählungen durch meine Oma, die über den Moment informiert wurden, nachdem sie mich verstört an der Tür in Empfang nahm.

Dieser Moment wurde bis zu meinem siebzehnten Lebensjahr auch nie wieder erwähnt. Bis zu dem Tag, an dem ich von dem Tod meines leiblichen Vaters erfuhr. Ich weiß nur noch, dass meine Oma, mein Opa, meine Mama und ich im Wohnzimmer bei meinen Großeltern saßen. Mein Opa links auf der Ottomane, ich rechts außen auf dem lila Sofa. Meine Mama saß mir gegenüber auf einem Stuhl. Meine Oma verschwand in die Küche und lief hin und her. Plötzlich sagte mir meine Mama, dass ich einen anderen Vater hätte, ein Mann namens Frank, der aber vor ein paar Tagen gestorben sei.

Ich verstand die Welt nicht mehr. Ich starrte vor mich hin, ins Leere.

Es gab da also einen Mann, der in derselben Stadt wie ich lebte, in Nordhessen, nicht im Süden von Deutschland. Und dieser Mann war also mein Vater. Nicht der, dessen Nachnamen ich trug. Und dieser Mann, mit einem anderen Nachnamen und dem Vornamen, der so ähnlich wie meiner war, war nun tot? Wenn du beim Lesen schon verwirrt bist, hast du eine grobe Vorstellung davon, wie verwirrt mein Gehirn in diesem Moment war. Nur, dass mein Leben damals kein Roman war, sondern ein wirkliches Drama. Ein Drama mit einem schier unbeschreiblichen Schmerz. Ich verstummte. Komplett. Ich kann nicht sagen, was ich in dem Moment dachte oder fühlte. Vermutlich nichts. Vermutlich war dieses Nichts eine Art Schutz. Ich schwieg. Ich glaube, alle anderen schwiegen ebenfalls. Was sollten sie auch großartig sagen? Vermutlich hinderte ihre Scham und ihre Schuldgefühle sie daran, etwas über diese grausame Lüge, welche sie erschaffen hatten, zu sagen.

Rückblickend scheint es so, als wäre die gesamte Situation damals auf traumatische Art und Weise in meinem Unterbewusstsein verschwunden und sie tauchte bewusst erst nach meiner narzisstischen Beziehung mit Anfang dreißig wieder auf. Denn plötzlich befand ich mich an einem Punkt im Leben, der mich erkennen ließ, dass ich diese Lüge, diesen Verrat und andere Situationen aus der Versenkung holen musste, wenn ich jemals glücklich werden wollte. Und so arbeitete ich an meinen Themen, meiner Kindheit und an meiner Vergangenheit und eröffnete so die Türen für eine freiere Zukunft, ohne all diesen emotionalen Ballast.

Heroin

Nachdem mein „Vater" also weggezogen war, verbrachte ich wieder viele Wochenenden bei meinen Großeltern oder sie ließen mich unter der Woche bei ihnen schlafen. Ich ging bereits zur Grundschule, meine Mama war alleinerziehend und als Arzthelferin tätig, so griffen meine Großeltern ihr unter die Arme. Ich genoss es hin und wieder bei den Großeltern zu sein. Dort darf man bekanntlich mehr.

Aber später, als meine Mama an die Drogen geriet und alles sehr schnell den Bach runterging, häuften sich die Übernachtungen bei den Großeltern, eben immer dann, wenn es mal wieder zu viel wurde. Auch wenn bei meinen Großeltern nicht alles perfekt war, waren sie eine Art Ruhepol in meinem stürmischen Leben. Ich fühlte mich bei ihnen wohl und dennoch wollte ich einen festen Ort haben, ein Zuhause. Und das ist nun einmal bei den Eltern oder in meinem Fall bei der Mutter. Umso härter traf mich der Tag, an dem mein Opa mich final aus meinem Zuhause abholte.

Es gibt Momente im Leben, die man als Kind nicht versteht und als Erwachsener niemals vergisst. Die Tage, an denen alles zu zerbrechen scheint, an denen das Leben, wie man es kennt, plötzlich auf den Kopf gestellt wird. Solch ein Tag war dieser besagte, als mein Opa mich final zu sich holte, weg von dem Chaos, das unser Zuhause war. Auch wenn ich erst neun Jahre alt war, war ich dennoch alt genug, um zu begreifen, dass etwas sehr Einschneidendes geschah.

Unsere Wohnung war schon lange kein sicherer Ort mehr für mich. Die Heroinabhängigkeit meiner Mutter hatte alles im Griff – unsere Familie, unser Zuhause, unsere Leben. Ständige Streitereien, das Dröhnen der Sirenen, die Stimmen der Nachbarn, die das Drama aus nächster Nähe miterlebten – all das wurde zu einem bedrückenden Teil meines Alltags. Krankenwagen kamen und fuhren wieder, mal mit, mal ohne meine Mama. Genau wie die Polizei. Es schien, als gäbe es keine Nacht, in der nicht irgendetwas explodierte. Wir lebten in einer Wohnung im Erdgeschoss. Mein Kinderzimmer hatte eine Terrassentür und ständig klopften dort Fremde, die durch mein Zimmer ein- und ausgingen. Mein Kinderzimmer war also kein ruhiger Ort, an dem ich nachts behütet schlafen konnte, sondern wie der Vorplatz vom „Bahnhof Zoo". Noch heute habe ich einen sehr leichten Schlaf und wache bei geringsten Geräuschen auf, wenn andere tief und fest schlafen.

Manchmal frage ich mich rückblickend, wie ich es dennoch immer täglich und pünktlich in die Grundschule am nächsten Tag schaffte. Ich war gut in der Schule, hatte Freunde, war nicht negativ auffällig. Ich ging morgens immer allein den Weg in die Schule. Zum Glück lebte ich in einer kleinen Stadt, in der die Grundschule um die Ecke war. Dennoch wurden die Umstände irgendwann zu viel, nicht nur für mich, sondern auch für das Umfeld. Die Nachbarn bekamen den ständigen Terror mit, beschwerten sich. Auch die Behörden wurden irgendwann hellhörig. Die Entscheidung wurde getroffen, dass ich dort nicht länger bleiben konnte. Ich brauchte ein sicheres, stabiles Umfeld.

Eins, das meine Großeltern mir bieten konnten … und deshalb bekamen sie das Aufenthaltsbestimmungsrecht für mich. Fluch und Segen zugleich, denn die Alternative wäre das Kinderheim gewesen.

Also holte mein Opa mich an diesem gewissen Tag nicht nur für das Wochenende ab. An diesem Tag sollte ich für immer zu ihnen ziehen. Es war also nicht nur ein weiteres Wochenende oder ein paar Nächte – es war der Moment, in dem meine Sachen endgültig gepackt wurden. Der Gang zum Auto fühlte sich wie in Zeitlupe an. Das leise Klicken der Autotüren war wie die Ruhe vor dem Sturm, denn bevor wir losfuhren, brach die Hölle los. Meine Mutter, die bis dahin stumm und erschlagen wirkte, schien plötzlich von einem unbändigen Schmerz ergriffen. Sie rannte schreiend hinter dem Auto her, verzweifelt, wütend, verletzt. Sie rief nach mir, doch ihre Stimme klang, als käme sie aus einer anderen Welt. Ich saß da, starr vor Schock und gelähmt von einem Schmerz, den ich nicht in Worte fassen konnte. Ich wollte schreien, wollte zurück zu ihr, aber ich konnte nicht. Ich konnte nichts tun. Ich war gefangen in meiner eigenen Hilflosigkeit. Mein Opa drückte aufs Gaspedal. Ich bin mir sicher, dass in diesem Moment auch sein Herz zerbrach, denn es war schließlich seine Tochter, die die ganze Straße vor Schmerz zusammenschrie.

Als Kind versteht man vieles nicht, was in solchen Momenten passiert. Man weiß nur, dass man von der Person getrennt wird, die man liebt, egal wie chaotisch die Umstände sind. Denn trotz allem war es mein Zuhause, meine Mutter, das gewohnte Umfeld und die Nachbarskinder, die ich Freunde nannte, die ich in diesem Moment verließ. Dieser Schmerz, die Trennung von meiner Mutter, brannte sich tief in mein Herz ein. Sie war mein „Ein-und-alles" und auch wenn ihr Leben aufgrund der Heroinsucht aus den Fugen geraten war, liebte ich sie bedingungslos. Nichts konnte diese Liebe auslöschen, nicht einmal die Notwendigkeit, getrennte Wege zu gehen.

Irgendwie ging alles schnell. Ich lebte nun bei meinen Großeltern. Ich teilte mir mit meiner Oma anfangs das große Ehebett. Wir hörten jeden Abend zum Einschlafen Kassetten, es gab regelmäßig Essen und ich wurde mit dem Auto zur Schule gebracht und abgeholt. Nach der Schule machte ich Hausaufgaben und spielte dann draußen mit den Nachbarkindern auf dem Bauernhof. Es war Normalität und kindliche Leichtigkeit vorhanden. Aber dennoch fehlten Eltern, dennoch fehlte mir meine Mutter. Ich war das einzige Kind in der Klasse, bei dem die Oma zum Elternabend ging. Es sprach mich nie jemand darauf an und ich sprach nie darüber, aber es war ein offenes Geheimnis, dass ich „die ohne Eltern" bin, die bei den Großeltern lebt.

Ich kann mich nicht wirklich erinnern, wie regelmäßig ich meine Mutter sah. Ich weiß nur, dass sie regelmäßig vorbeikam, um sich Geld von meinen Großeltern zu leihen, welches sie für das Heroin brauchte. Natürlich gab sie dies niemals zu und erfand jedes Mal eine neue Ausrede. Als ich älter wurde, fragte sie auch mich manchmal nach meinem Taschengeld. Einmal fehlte eine Goldkette von mir, nachdem sie gegangen war. Ob sie es war, oder ihr Typ, der sie „drauf" brachte, weiß ich nicht. Schlimmer waren die ständigen Lügen und das ewige: „Ich zahle es euch zurück." Oft fing sie Streit an, wenn mein Opa sie abwies, weil sie oder ihr Typ vollgedröhnt Theater vor der Haustür machten. Ich stand zwischen den Stühlen. Ich liebte sie und war so voller Hoffnung, wenn sie vorbeikam und die Enttäuschung war immer umso größer, wenn ich realisierte, dass sie nicht wirklich meinetwegen da war und auch zeitig wieder verschwand.

Wenn man mit einem Süchtigen zusammenlebt, man hat immer und immer wieder die Hoffnung, dass er sich ändert, dass er es endlich schafft. Die ständigen Versprechungen und darauffolgenden Enttäuschungen sind ein Strudel, der direkt in die Co-Abhängigkeit führt. Insbesondere die Hoffnung, dass meine Mama endlich clean wird und ich wieder bei ihr wohnen kann, war am größten, wenn sie zum Entzug ging oder zur Langzeittherapie. Ich weiß nicht, wie oft ich sie dort mit meinen Großeltern besuchte, um dann vom Pflegepersonal oder den Betreuern zu erfahren, dass sie „abgebrochen" hatte. Ich verbrachte einige Geburtstage auf irgendwelchen Stationen. Kahle Wände und lieblose Aufenthaltsräume. Heute kann ich verstehen, dass es nicht an mir lag, aber als Kind verstand ich nicht, was mit meiner Mutter los war und warum ich sie an Weihnachten manchmal nicht sah. Rückblickend verstehe ich, dass ihre Heroinabhängigkeit sie im Griff hatte.

Das unsichtbare Band der Liebe

Ich denke, die Liebe zwischen einer Mutter und ihrem Kind wird immer da sein, egal wie die Umstände sind und sie wird mit keiner anderen Liebe zu vergleichen sein. Es wird immer dieses unsichtbare Band der Liebe zwischen Mutter und Tochter geben. Diese Trennung mit 9 Jahren war so einschneidend, als hätte jemand versucht, dieses Band mit aller Gewalt zu trennen. Und es hat mich nicht nur im Herzen geprägt, sondern ließ mich oft zweifeln – nicht nur an meiner eigenen Wertigkeit, sondern auch an der Gerechtigkeit des Lebens. Warum ich? Warum musste ich diesen Weg der Trennung gehen, während andere Kinder einfach so ein normales, behütetes Leben führten und glücklich mit ihren Eltern sein durften?

Manchmal ist es notwendig getrennte Wege zu gehen, um zu heilen, so wie es bei mir der Fall war. Doch am Ende des Tages ist die Verbindung zwischen Eltern und Kind etwas, das die Zeit überdauert. Die Beziehung zwischen einer Mutter und ihrer Tochter ist eine der tiefsten und komplexesten Verbindungen, die es gibt. Das unsichtbare Band der Liebe ist von Tag eins vorhanden – die Nabelschnur. Ein Band der Liebe, welches uns mit Leben versorgt. Ein Band, das uns mit unserer Mutter von der ersten Sekunde an verbindet. Eine Mutter ist in der Regel die erste Person, die einem Kind Liebe zeigt, es tröstet und beschützt. Sie ebnet den Weg für das Kind in eine lichtvolle oder in eine düstere Zukunft.

Unsere Persönlichkeit, unsere Überzeugungen und unser Verhalten werden in den ersten Jahren unseres Lebens geformt. In dieser frühen Phase sind wir wie ein leeres Blatt, das von den Menschen um uns herum beschrieben wird. Unsere Eltern oder die Hauptbezugspersonen, die uns in dieser Zeit umsorgen, sind die ersten, die uns zeigen, was Liebe, Zuneigung und Sicherheit bedeuten. Durch sie lernen wir, was es heißt, geliebt zu werden, und was es heißt, jemanden zu lieben. Diese frühen Erfahrungen hinterlassen tiefe Spuren in unserem Unterbewusstsein. In dieser Zeit bilden wir auch unsere grundlegenden Glaubenssätze –

Überzeugungen darüber, wer wir sind, was wir verdienen und wie die Welt um uns herum funktioniert. Diese Glaubenssätze, die oft unterbewusst bleiben, sind wie unsichtbare Fäden, die unsere Denk- und Handlungsweisen steuern. Sie beeinflussen, wie wir uns selbst sehen, wie wir mit Herausforderungen umgehen und wie wir uns in Beziehungen bewegen. Wenn ein Kind in einer liebevollen und unterstützenden Umgebung aufwächst, in der es sich sicher und wertgeschätzt fühlt, entwickelt es normalerweise ein starkes Selbstwertgefühl und Vertrauen in die Welt. Es lernt, dass es gut ist, so wie es ist, und dass es in Ordnung ist, Fehler zu machen. Doch wenn die Umgebung nicht stabil ist, wenn die Liebe an Bedingungen geknüpft ist oder wenn ein Kind zu früh Verantwortung übernehmen muss, kann es tiefgreifende Unsicherheiten und ein verzerrtes Verständnis von Liebe entwickeln.

In meinen ersten Lebensjahren durfte ich zum Glück eine behütete und liebevolle Umgebung erfahren. Die anfängliche Zeit mit meiner Mutter bei meinen Großeltern war geprägt von Wärme, Nähe und Geborgenheit, auch wenn die äußeren Umstände nicht perfekt waren und mein Vater fehlte. Diese Zeit war für mich eine Rettung, denn sie lehrte mich, dass ich angenommen und geliebt bin. Meine Mutter war in den ersten Jahren meines Lebens ebenfalls sehr liebevoll, bevor die Drogenabhängigkeit ihren Weg in unser Leben fand. Diese frühen Erfahrungen haben mein Selbstbewusstsein und das Gefühl, dass ich liebenswert bin, zum Glück stark geprägt. Diese Zeit legte den Grundstein dafür, dass ich mich vom Leben angenommen fühlte und gab mir die Hoffnung und den Mut niemals aufzugeben.

Doch was passiert, wenn dieses anfängliche Band der Liebe durch Schmerz, Missverständnisse und in unserem Fall durch eine Abhängigkeit plötzlich auf die Probe gestellt wird?

Meine Mutter und ich hatten eine Beziehung, die schnell von vielen Herausforderungen geprägt war. Die anfängliche liebevolle Zeit verflog schlagartig, als meine Mutter ab meinem fünften

Lebensjahr in die Heroinabhängigkeit abrutschte. Für mich als Kind war es nicht nachzuvollziehen, warum meine Mutter manchmal ansprechbar und emotional verfügbar war und dann wieder völlig abwesend zu sein schien. Wo war meine „normale" Mutter aus den ersten Lebensjahren hin? Die Mutter, die liebevoll und fürsorglich war, die mich sah und sich kümmerte? Ich konnte ihre Wesensveränderung nicht verstehen, weil ich als Kind die Wirkung der Droge und ihre verheerenden Folgen nicht verstand. Ich wuchs mit der ständigen Angst auf, sie zu verlieren, sowohl emotional als auch physisch. Die Tage waren geprägt von Unsicherheiten: Wird sie heute da sein? Wird sie in einem Zustand sein, in dem sie mich sehen kann, in dem sie ansprechbar ist? Es war eine ständige Achterbahnfahrt der Gefühle.

Eine Sucht, insbesondere wie Heroinabhängigkeit, hat eine erschreckende Macht. Sie zerstört den Menschen nicht nur körperlich, sie zieht einen Menschen in ihren Bann und lässt kaum Raum für etwas Anderes – selbst für die Liebe nicht. Was

Heroin mit der Liebe macht, ist zutiefst erschütternd: Es erstickt sie, es verdrängt sie, es stellt die Sucht in den Vordergrund und drängt alle menschlichen Verbindungen in den Hintergrund. Die Wärme und Nähe, die unsere Mutter-Tochter-Beziehung eigentlich prägen sollte, wurde durch eine kalte Distanz ersetzt. Die Liebe, die ich für meine Mutter empfand, wurde oft von ihrer Abhängigkeit überschattet. Es war, als ob die Droge nicht nur ihren Körper, sondern auch ihre Fähigkeit zu lieben in Beschlag genommen hatte. Die Liebe blieb zwar bestehen, aber sie wurde zu einem leisen, gedämpften Echo in einem Raum voller schmerzvoller Erinnerungen und unerfüllter Sehnsüchte. Und so war unsere Beziehung immer von einem paradoxen Gefühl der Nähe und Distanz geprägt. Auf der einen Seite war da diese tiefe Liebe, die ich für sie empfand, ein unerschütterliches Bedürfnis, ihr zu helfen, sie zu retten. Auf der anderen Seite war da auch ein Gefühl des Verrats, eine tiefe Wunde, weil ich als Kind lernen musste, dass ich nicht die Mutter hatte, die ich mir gewünscht und gebraucht hätte. Es gab

Momente, in denen ich so viel Wut in mir hatte, weil ich mir wünschte, sie wäre anders. Und doch war da auch diese Sehnsucht nach ihrer Liebe und Anerkennung.

Die Abhängigkeit meiner Mutter prägte unser Familienleben. Es gab Tage, an denen sie abwesend war, in jeder Hinsicht. Ihre Abhängigkeit hatte sie von mir weggezogen und in eine andere Welt gebracht, eine Welt, die ich nicht verstand und die ich als Kind auch nicht betreten konnte. Ich fühlte mich oft allein gelassen, verängstigt und verwirrt. Ihre Abwesenheit, selbst wenn sie physisch anwesend war, fühlte sich wie ein tiefer Schnitt in meinem Herz an. Es war ein ständiger Kampf, ein ständiges Ringen um ihre Liebe und Aufmerksamkeit, die durch die Sucht immer wieder entglitt. Unsere Konflikte drehten sich nicht nur um alltägliche Missverständnisse, sondern um existenzielle Fragen. Es ging um Vertrauen, um Hoffnung, um die Zukunft. Ich fragte mich oft, warum sie nicht stark genug sein konnte, um mich über die Sucht zu stellen. Sie kämpfte mit ihren eigenen Dämonen, die ich nicht verstand, und ich kämpfte mit dem Verlust der Mutter, die ich brauchte. Ich wollte, dass sie sich ändert, dass sie mich sieht, dass sie unsere Familie sieht. Aber die Sucht war stärker.

Als ich älter wurde gab es eine Zeit, in der wir den Kontakt fast vollständig abbrachen. Die Enttäuschung war zu groß, die Wunden zu tief. Ich baute Mauern um mein Herz, weil ich den Schmerz nicht mehr ertragen konnte. Sie war so tief abgestürzt, dass sie sich vollständig dem Leben als Junkie hingab. Meine Großeltern schützen mich mit der Distanz zu ihr, um die Ausmaße der Sucht nicht im Detail fortlaufend mitzubekommen. Es gab nichts, was wir tun konnten. So sehr wir auf sie einredeten, bettelten, beteten und sie anflehten, die Drogen und der Alkohol hatten sie zu sehr im Griff.

Das Umfeld sagte immer wieder: „Lasst sie fallen!" Doch ich erinnere mich an die Worte meiner Oma, die immer entgegnete: „Wie will man eine Tochter fallen lassen?" Ich war zu der Zeit im Teenager-

Alter und ging zunehmend meinen eigenen Weg. Ich verdrängte eine Zeit lang, dass es überhaupt eine Mutter in meinem Leben gab, legte meinen Fokus auf meinen Freundeskreis und das Abitur. Doch die Wahrheit ist, dass ich sie immer vermisst habe. Ich sehnte mich nach der Mutter, die ich einst kannte – eine liebevolle, fürsorgliche und starke Frau.

Irgendwann kam der Wendepunkt. Eines Tages, als wir nach einer langen Phase der Stille wieder miteinander sprachen, sah ich in ihren Augen nicht mehr nur die Abhängigkeit, sondern die Mutter, die sich nach einer zweiten Chance sehnte. Es war, als ob ein Licht in ihr wieder aufflammte, ein Licht, das durch die Dunkelheit ihrer Sucht hindurchschimmerte. Sie sprach von ihren Fehlern, von ihrer Scham und von ihrer Hoffnung, wieder einen Platz in meinem Leben zu finden. Ich wusste, dass dieser Weg nicht einfach werden würde. Aber ich sah die Aufrichtigkeit in ihrem Blick und spürte tief in meinem Herzen, dass ich bereit war, es zu versuchen. Ich beschloss, den ersten Schritt zu machen, nicht nur für sie, sondern auch für mich. Ich musste lernen, zu vergeben – ihr und mir selbst für all die Erwartungen, die nicht erfüllt wurden, für all die Enttäuschungen, die uns trennten. Es war nicht leicht, die Vergangenheit loszulassen, die Narben zu akzeptieren und die Wunden zu heilen. Schritt für Schritt näherten wir uns an. Ich begleitete sie auf ihrem Weg zur Heilung und sie zeigte mir, dass sie bereit war, für sich selbst und für mich zu kämpfen. Wir haben gelernt, dass es möglich ist, wieder zueinander zu finden, auch nach den tiefsten Abgründen. Ich lernte, dass ich nicht für sie, ihre Gesundheit und ihr Glück verantwortlich bin. Ich verstand, dass ich nicht schuld an ihrer Abhängigkeit war und löste den falschen Glauben auf, dass ich es nicht wert war, dass sie mit den Drogen aufhörte. Ich begriff, dass sie süchtig war, dass sie krank war. Unabhängig von mir.

Heute haben wir eine Beziehung, die auf Ehrlichkeit und gegenseitigem Verständnis basiert. Wir sind nicht perfekt, und unsere Reise ist noch lange nicht zu Ende, aber wir sind bereit, sie gemeinsam zu meistern. Sie ist seit vielen Jahren clean und trocken, und wir haben einen Weg gefunden, die Vergangenheit hinter uns zu lassen. Unsere Beziehung ist heute stärker als je zuvor und ich bin unfassbar stolz auf sie, auf mich, auf uns!

Die Lektion, die ich daraus gelernt habe und die ich dir an dieser Stelle weitergeben möchte, ist diese: Liebe ist komplex, sie ist oft schmerzhaft und unvollkommen. Aber sie ist auch stark und beständig. Wenn du also mit einem Elternteil im Konflikt bist oder an deiner Vergangenheit festhängst, erinnere dich daran, dass es immer einen Weg zur Heilung gibt. Es mag Zeit brauchen, vielleicht sogar Jahre, aber es ist möglich. Unsere Herzen sind zäher, als wir glauben, und die Liebe, die wir füreinander empfinden, kann Berge versetzen. Es ist nie zu spät für einen Neuanfang. Die Liebe ist die stärkste Kraft im Universum, selbst in den schwierigsten Zeiten. Wenn wir bereit sind, die Vergangenheit loszulassen und den anderen wirklich zu sehen, können wir Brücken bauen, wo einst Mauern standen.

Trotz all dieser Erfahrungen habe ich nie mein Herz verschlossen. Im Gegenteil, ich bin immer offen auf Menschen zugegangen und habe an die Liebe geglaubt. Ich war bereit, mich auf neue Beziehungen einzulassen und mein Herz zu öffnen, in der Hoffnung, dass es diesmal anders sein könnte. Ich glaube weiter an das Gute im Menschen.

Ich begann auch zu verstehen, dass ich mir selbst genauso viel Liebe und Fürsorge schenken muss, wie ich sie anderen gebe. Dass ich lernen muss, gesunde Grenzen zu setzen und nicht immer nur zu geben, sondern auch zu empfangen. Ich erkannte, dass die Macht, mein Leben zu ändern, in meiner Hand liegt. Dass ich nicht länger ein Opfer meiner Vergangenheit sein muss, sondern aktiv entscheiden kann, wie ich mein Leben gestalten möchte. Ich habe gelernt, dass es nicht darum geht, immer stark zu sein oder alles allein zu schaffen, sondern dass wahre Stärke darin liegt, sich selbst zu akzeptieren, mit all seinen Schwächen und Bedürfnissen. Heute weiß ich, dass ich selbst die Macht habe, meine Vergangenheit hinter mir zu lassen und mein Leben so zu gestalten, wie ich es mir wünsche. Ich kann mein Glück selbst in die Hand nehmen. Auch du hast diese Macht. Es liegt in deinen Händen, wie du dein Leben lebst und welche Geschichte du für dich schreibst.

Am Ende sind wir alle die Autoren unseres eigenen Lebens, und es liegt an uns, ob wir unsere Vergangenheit als Bürde oder als Teil unserer Reise sehen. Es liegt an uns, ob wir das Band der Liebe stärken und davon zehren oder ob wir es als Schlinge des Schicksals betrachten.

Der Fels in der Brandung

Mein Opa wurde in der ganzen turbulenten Zeit zu meinem Anker, zu meinem Felsen in der Brandung. Er war da, still und stark, wie eine feste Burg, die mich vor den Stürmen des Lebens schützte. Mein Opa war immer da gewesen, ein stiller Wächter, der oft mehr sah, als er sagte. Er liebte mich, bedingungslos. Und das, obwohl mein Opa derjenige war, der damals ziemlich Theater machte, als er erfuhr, dass meine Mama mit 19 Jahren ungeplant schwanger war.

Mein Opa war eigentlich ein strenger Mann, aber bei mir legte er diese Strenge schnell ab, da er merkte, dass ich meinen eigenen Willen hatte und man bei mir besser die Zügel lockerlässt. Ich glaube, dass er nie gelernt hat, wie man Liebe richtig vermittelt, wie man sich selbst liebt und die Liebe damit an seine Umwelt weitergibt. Sein Vater verstarb im zweiten Weltkrieg, kehrte nie zurück vom Kriegsfeld und er ging oft mit knurrendem Magen ins Bett. Seine Mutter soll eiskalt gewesen sein. Ich denke, dass diese Generation Sachen gesehen und erlebt hat, die einfach kaum Platz und Raum für Wärme, Geborgenheit und Sanftheit ermöglichte. Aber als ich geboren wurde, änderte sich etwas in ihm. Mein Opa war ein stolzer Opa und glücklich, dass ich das Haus mit meinem kindlichen Sein und meiner Liebe füllte. Vielleicht war sich seine Seele bereits darüber im Klaren, wie wichtig er für mich noch sein würde.

Durch ihn lernte ich, was es bedeutet, in Sicherheit zu leben, ohne ständig auf der Hut zu sein. Er zeigte mir, dass es auch ein Leben ohne Chaos und ohne Angst gab. Abends lagen wir oft im Bett und er erzählte mir eine Geschichte. In seinem Arm gab es echte Geborgenheit. Mein Opa hat mir Stärke gezeigt, indem er mir in der dunkelsten Zeit meines Lebens ein Zuhause gegeben hat. Durch ihn habe ich gelernt, dass es immer Hoffnung gibt, selbst wenn alles verloren scheint. Er achtete darauf, dass ich immer meine Hausaufgaben machte und zur Schule ging. Er sagte immer: „Rechte und Pflichten" und das beherzigte er auch. So konnte er mich gut erreichen, er vertraute mir und ließ mich mein Ding machen und gleichzeitig wusste ich, dass ich meine Verpflichtungen gegenüber der Schule einzuhalten hatte. Wenn ich neue Kleidung wollte, gab er mir etwas mehr Taschengeld, dafür musste ich dann aber im Garten den Rasen mähen oder ihm beim Auto putzen helfen. Ich fand das fair. Und so respektierte ich ihn, ohne dass er große Worte benutzen musste. Er unterstütze mich materiell, aber auch mental. Er ermöglichte mir den Führerschein, indem er das fehlende Geld auf mein Erspartes legte und mir auf einem abgelegenen Feld die Grundlagen über das Autofahren beibrachte.

Insgesamt war mein Opa in all dem Chaos und dem Drama, das meine Familie oft umgab, eine Konstante, an die ich mich klammern konnte. Während die Welt um mich herum ständig in Bewegung war, fand ich bei ihm eine Ruhe, die mir in meiner Kindheit oft fehlte. Er war der Ruhepol in unserer Familie, ein Mann, der den Trubel vermied, sich von Klatsch und Tratsch fernhielt und sich stattdessen in seinen Schrebergarten zurückzog. Für mich wurde dieser Garten zu einem Zufluchtsort, ein Ort, an dem ich für kurze Zeit vergessen konnte, was zu Hause vor sich ging. Mein Opa verbrachte dort viele Stunden, pflanzte Gemüse an, pflegte die Beete, und schnitt die Hecken. Er zeigte mir, wie man mit der Natur arbeitet, wie man etwas wachsen lässt, was man selbst gesät hat. Es war eine einfache, stille Art, mir Normalität und ein Gefühl von Beständigkeit zu vermitteln. Es waren diese Momente im Garten, in denen ich zum ersten Mal lernte, wie beruhigend es sein kann, etwas mit den eigenen Händen zu erschaffen und zu pflegen oder einfach nur die Natur zu beobachten und den Vögeln zu lauschen. Oft spielten wir dort zusammen Mau-Mau, und ich konnte für eine Weile die Realität ausblenden, die so oft überwältigend war. Die Zeit mit meinem Opa war wertvoll, weil sie mir zeigte, dass es auch ein Leben jenseits des ständigen Chaos gab. Meine Oma kam oft nach und auf dem Rückweg gingen wir noch gemeinsam ein Eis essen – kleine Rituale, die mir halfen, ein wenig Normalität inmitten des Dramas zu finden.

Meine Oma bemühte sich ebenfalls, mir ein geregeltes, stabiles Umfeld zu bieten. Sie fuhr mich oft zur Schule, legte mir im Winter die Unterwäsche auf die Heizung, damit sie warm war, wenn ich aufstand. Zur Weihnachtszeit backten wir Plätzchen und sie organisierte Kindergeburtstage auf der Kegelbahn für mich und meine Freunde und Klassenkameraden – all diese kleinen Gesten, die mir das Gefühl gaben, umsorgt zu sein.

Doch so sehr sich meine Großeltern auch bemühten, Normalität zu schaffen, so sehr war da auch ein Schatten, der über allem lag. Sie versuchten, nach außen hin den Anschein zu wahren, dass alles in Ordnung war. Es war eine Art stilles Abkommen, dass wir niemals über die Probleme sprechen würden, die so offensichtlich in unserer Familie vorhanden waren. Die Fassade sollte gewahrt bleiben, als wären wir eine ganz normale Familie in unserer kleinen Stadt. Aber die

Wahrheit war, dass jeder wusste, was bei uns los war. Jeder wusste von den Eskapaden meiner Mutter und den Schwierigkeiten mit meinem Vater. Es war eine Kleinstadt, in der Klatsch und Tratsch die Runde machten, und nichts blieb lange verborgen.

Für mich bedeutete das, dass ich mit meinen Gefühlen und meiner Trauer allein war. Ich lernte früh, alles in mich hineinzufressen, weil es einfach keinen Raum gab, um darüber zu sprechen. Immer gab es ein neues Drama, eine neue Verletzung, die einfach unter den Teppich gekehrt wurde. Meine Großeltern versuchten zwar, mir Stabilität zu geben, aber die ständige Verleugnung der Realität ließ mich oft noch isolierter fühlen. Es war, als sollte ich so tun, als wäre alles in Ordnung, während tief in mir drin ein Sturm tobte.

Doch trotz all dieser Schwierigkeiten war die Liebe meiner Großeltern spürbar. Ihr Versuch, mir Normalität zu geben, war ihre Art, mich zu schützen. Sie wussten nicht, wie sie mit all dem umgehen sollten, also taten sie ihr Bestes, indem sie mich mit kleinen Gesten umsorgten und versuchten, eine heile Welt für mich zu schaffen. Auch wenn es mir manchmal das Gefühl gab, dass meine Schmerzen und Ängste nicht gesehen wurden, war es doch diese Liebe, die mich durch die schwierigsten Zeiten getragen hat.

Hin und wieder brauchen wir alle ein Fels in der Brandung, etwas oder jemanden, an dem wir uns festhalten können, wenn die Stürme des Lebens am heftigsten toben. Es ist wichtig, sich in schwierigen Zeiten daran zu erinnern, dass man nie völlig allein ist. Egal, wie chaotisch oder ungerecht das Leben manchmal erscheinen mag, es gibt immer einen Anker, einen Ruhepol, der uns Halt gibt.

Manchmal erfordert es einen bewussten Wechsel des Fokus, um dieses Gute inmitten des Sturms zu erkennen. Es geht darum, den Blick auf das zu lenken, was uns Kraft gibt, was uns aufrecht hält. Dankbarkeit für die Menschen und Momente, die uns in schweren Zeiten gestützt haben, kann uns helfen, die Herausforderungen des Lebens zu meistern. Auch wenn diese Stützen nicht immer perfekt sind und ihre Methoden nicht immer unseren Vorstellungen entsprechen, so handeln die Menschen um uns doch oft aus dem tiefen Wunsch heraus, uns zu schützen und uns das Beste zu bieten, was ihnen möglich ist. Wie meine Großeltern, die mit ihren eigenen Mitteln und ihrem Bewusstsein versucht haben, mir Normalität und Geborgenheit zu schenken, so gibt es in jedem Leben Menschen oder Orte, die uns ein Gefühl von Sicherheit vermitteln. Auch wenn ihre Handlungen im Nachhinein nicht immer ideal erscheinen mögen, so sollten wir doch anerkennen, dass sie in der Lage und unter den Umständen das Beste gegeben haben, was ihnen möglich war.

Wenn wir unser eigenes Schicksal betrachten und darüber nachdenken, sollten wir uns diese Perspektive bewahren: Das Leben ist nicht nur das Chaos und die Herausforderungen, die wir erleben, sondern auch die kleinen Oasen der Ruhe und die Menschen, die uns helfen, diese zu finden. Indem wir uns auf diese positiven Aspekte konzentrieren und dankbar dafür sind, schaffen wir uns selbst ein Fels in der Brandung. Einen Anker, an dem wir uns in stürmischen Zeiten festhalten können.

Sei dein eigener Anker

Stell dir vor, du bist ein Schiff auf dem weiten Meer des Lebens. Stürme kommen und gehen, die Wellen schlagen hoch, und manchmal scheint es, als würde dich die Strömung in alle Richtungen treiben. In diesen Momenten brauchst du einen Anker, der dich festhält, der dir Stabilität und Sicherheit gibt. Doch dieser Anker ist nicht etwas, das du im Außen findest – er liegt in dir selbst.

Dieser Anker nennt sich Selbstliebe. Dieser Anker bietet dir die Fähigkeit, dir selbst in stürmischen Zeiten Halt zu geben und dir bewusst zu machen, dass du auf dich zählen kannst, egal wie turbulent die See des Lebens auch wird. Selbstliebe ist mehr als nur gelegentliche Selbstfürsorge oder die oberflächliche Akzeptanz deines Äußeren. Sie ist ein tiefer, innerer Prozess – eine unerschütterliche Anerkennung deines eigenen Wertes, unabhängig von äußeren Umständen, den Meinungen anderer oder gesellschaftlichen Erwartungen. Wenn du dein eigener Anker wirst, verstehst du, dass Selbstliebe auch bedeutet, sich selbst zu vertrauen und die eigene innere Stärke zu kultivieren. Es ist die bewusste Entscheidung, in sich selbst die Liebe, den Trost und die Bestätigung zu finden, die wir oft im Außen suchen und in der Vergangenheit oft nicht gefunden haben. Diese innere Haltung ist entscheidend, um in den herausforderndsten Momenten des Lebens standhaft zu bleiben und nicht die Verbindung zu sich selbst zu verlieren.

Selbstliebe ist also kein Zustand, der einfach so vorhanden ist. Sie ist eine bewusste Entscheidung, die wir jeden Tag aufs Neue treffen müssen. Sie ist der Anker, der uns in der Brandung hält und uns hilft, unseren Weg durch die Höhen und Tiefen des Lebens mit Zuversicht und innerem Frieden zu gehen. Indem wir uns selbst mit Mitgefühl und Wertschätzung begegnen, schaffen wir die Grundlage für ein authentisches und erfülltes Leben. In der tiefen Erkenntnis, dass wir genug sind, so wie wir sind, liegt die wahre Kraft, die uns durch alle Stürme des Lebens trägt. Selbstliebe ist ein Thema, das tief in das Wesen jedes Menschen hineinreicht, ein Thema, das oft unterschätzt wird und doch so zentral für unser Wohlbefinden und unseren Selbstwert ist.

In meinem eigenen Leben war das Thema Selbstliebe lange Zeit ein schwieriger Weg. Meine Kindheit war von dem Gefühl der Ablehnung geprägt. Die Abwesenheit und die fehlende Fürsorge durch die wichtigsten Bezugspersonen – meine Eltern – hinterließen in mir eine große Leere. Als Kind suchte ich nach der lebensnotwendigen Anerkennung und Liebe durch die Eltern, doch stattdessen fand ich mich oft einsam in meinem Kinderzimmer zurück. Dort fragte ich mich: „Bin ich überhaupt liebenswert? Verdiene ich es, geliebt zu werden, so wie ich bin?"

Das Fehlen dieser fundamentalen Wertschätzung durch meine Eltern ließ mich glauben, dass Liebe etwas ist, das ich mir verdienen muss. Ein Glaubenssatz, der sich in mein Innerstes eingebrannt hat und der meine Beziehungen, meine Entscheidungen und mein Selbstbild lange Zeit prägte. Obwohl ich nach außen hin selbstbewusst wirkte – eine Kämpfernatur, die wusste, wie sie sich durchsetzen kann –, nagte dieser Zweifel in mir. Ich wusste, wie ich mich behaupten konnte, wie ich stark sein konnte, doch gleichzeitig war da dieser tiefe, innere Zweifel: Bin ich wirklich genug? Bin ich richtig, so wie ich bin?

In einer Gesellschaft, die oft oberflächlich bewertet und Menschen nach ihren äußeren Erfolgen und ihrem Status beurteilt, verstärkte sich dieses Gefühl des Nicht-genug-Seins. Das Gefühl, anders zu sein, nicht dazuzugehören, haben diese Unsicherheit genährt. Die Welt vermittelt uns so oft, dass wir nur dann wertvoll sind, wenn wir mithalten können, wenn wir in die vorgegebenen Normen passen. Doch was geschieht, wenn man das nicht kann oder nicht will? Was geschieht, wenn man, so wie ich, aus einem Umfeld kommt, das nicht den traditionellen Vorstellungen entspricht?

Diese Fragen führten mich immer wieder zurück zu meinem eigenen inneren Konflikt: den Kampf zwischen dem, was ich wirklich bin, und dem, was ich glaubte, sein zu müssen, um akzeptiert und geliebt zu werden. Dieser Konflikt ist nicht einzigartig – viele Menschen tragen ihn in sich. Und oft sind es eben die Erfahrungen in der Kindheit, die den Grundstein für diesen inneren Zwiespalt legen. Wir entwickeln Glaubenssätze, die uns ein Leben lang begleiten: „Ich muss etwas leisten, um geliebt zu werden. Ich muss mich verändern, um akzeptiert zu werden. Ich bin nur dann wertvoll, wenn ich anderen gefalle."

Diese Glaubenssätze prägen unser Selbstbild und unser Verhalten. Wir passen uns an, verleugnen vielleicht sogar Teile von uns, um in das Bild zu passen, das wir glauben, erfüllen zu müssen. Wir verbiegen uns, machen Dinge, die wir eigentlich nicht wollen. Wir kämpfen darum, Liebe und Anerkennung zu erhalten, doch tief im Inneren bleibt der Zweifel bestehen. Bin ich liebenswert, so wie ich bin? Selbstliebe bedeutet, diesen Zweifel zu überwinden. Es bedeutet, sich selbst so anzunehmen, wie man ist – mit all seinen Stärken und Schwächen, mit all seinen Eigenheiten und Fehlern. Es bedeutet, den inneren Kritiker zum

Schweigen zu bringen und sich selbst die Liebe zu geben, die man vielleicht nie von anderen erhalten hat. Es bedeutet, zu erkennen, dass der eigene Wert nicht von äußeren Erfolgen oder der Anerkennung anderer abhängt, sondern von der eigenen inneren Überzeugung: Ich bin genug. Ich bin liebenswert, so wie ich bin. Ich bin mein Anker, mein Fels in der Brandung.

Dieser Weg zur Selbstliebe ist nicht einfach. Er erfordert Mut und Ehrlichkeit sich selbst gegenüber. Es ist ein Prozess des Heilens und des Loslassens von alten, schädlichen Glaubenssätzen. Es erfordert, sich selbst zu vergeben und sich selbst anzunehmen, mit all dem, was man ist und was man erlebt hat. Es ist ein Prozess, der Zeit braucht, aber es ist der einzige Weg, um wirklich Frieden mit sich selbst zu finden und ein erfülltes, authentisches Leben zu führen. Es ist bemerkenswert, wie oft sich diese inneren Kämpfe und Unsicherheiten in verschiedenen Lebensbereichen widerspiegeln.

Für mich war einer der offensichtlichsten Bereiche, in dem sich meine mangelnde Selbstliebe gezeigt hat, mein Verhältnis zu meinem Körper. Von Kindheit an kämpfte ich immer wieder mit Gewichtsschwankungen. Mein Körper hat von Natur aus weibliche Rundungen, und doch hatte ich schon früh das Gefühl, dass ich nicht dem Ideal entsprach, das mir die Gesellschaft vorgab.

Von klein auf war Essen für mich mehr als nur Nahrungsaufnahme – es war eine Art von Trost. In den stressigsten und einsamsten Momenten meiner Kindheit war es oft das Essen, das mir eine kurze, aber trügerische Erleichterung bot. Diese Kompensationsstrategie entwickelte ich nicht ohne Grund. Sie wurde teilweise von den Umständen und dem Umfeld gefördert, in dem ich aufwuchs. Bei meinen Großeltern fand ich oft Zuflucht, aber auch sie wussten nicht immer, wie sie mit meiner inneren Unruhe umgehen sollten. Ihr Versuch, mir mit kleinen Leckereien wie Schokolade eine Freude zu machen, beruhigte mich zwar kurzzeitig, trug aber langfristig dazu bei, dass ich diese ungesunde

Beziehung zum Essen entwickelte. Es gab Momente, besonders in meiner Jugend und im frühen Erwachsenenalter, in denen ich normalgewichtig war, doch immer wieder folgten Phasen, in denen ich übergewichtig wurde. Jedes Mal, wenn ich mich verloren fühlte – sei es durch äußeren Druck oder innere Konflikte – griff ich aufs Essen zurück. Diese Schwankungen zogen sich wie ein roter Faden durch mein Leben. Es war, als ob mein Körper mein innerer Kampfplatz wurde, auf dem sich all die Unsicherheiten und der Schmerz manifestierten, die ich tief in mir trug.

Das Polizeistudium stellte in dieser Hinsicht eine besondere Herausforderung dar. Dort traf ich auf ein Umfeld, in dem sportliche, athletische Körper als das Ideal galten. Die Erwartung, dass eine Polizistin schlank, fit und „makellos" sein sollte, stand in scharfem Kontrast zu meinem eigenen Körperbild. Ich bemühte mich, mit den anderen Polizeischülern Schritt zu halten, versuchte, diesen Erwartungen zu entsprechen, doch ich war einfach anders. Diese ständige Diskrepanz zwischen dem, was von mir erwartet wurde, und dem, was ich war, verstärkte den inneren Druck enorm. Ich hatte in der Zeit Normalgewicht, aber ich hatte einfach diese Rundungen und eben einen Po, der größer war als der von anderen Polizeischülerinnen. In dieser Zeit kam es immer wieder zu unangenehmen Situationen, in denen ich das Gefühl hatte, dass mein Körper nicht richtig sei. Schon in der Schule bin ich Ziel von Spott und Lästerungen gewesen – besonders meines „dicken Pos" wegen. Und so gab es eben auch im Polizeistudium einen Mitschüler, der nichts Besseres zu tun hatte, als in den Trainings über meine Figur zu lästern.

Es war eine verletzende Erfahrung, die mich tief traf und mich noch weiter an meinem eigenen Körper zweifeln ließ. Doch auch in diesem Moment verließ mich nicht der Mut. Ich wusste, dass die Qualität als Polizistin garantiert nicht von meinem Po abhing. Ich weiß, dass klingt absurd, aber tatsächlich wurde ich häufig in meinem Leben wegen meinem Po zum Thema, ob im Privaten oder im Beruf. Mit der Zeit lernte ich, dass es oft wenig Sinn machte, diese Menschen zu konfrontieren, suchte mir stattdessen lieber Unterstützung bei zuständigen Personen und begann innerlich die Reise zu mehr Akzeptanz und Selbstliebe. Es sind diese Momente im Alltag, in denen wir unser eigener Anker sein sollten, indem wir für uns einstehen und unsere Stimme erheben und uns so akzeptieren, wie wir sind!

Unser Körper ist ein wahres Wunder der Natur, er trägt uns durch dieses Leben, er leistet so viel für uns, jeden einzelnen Tag. Es ist an der Zeit, ihm die Wertschätzung und Liebe entgegenzubringen, die er verdient. Kein Körper ist perfekt, und doch ist jeder Körper auf seine eigene Weise schön und einzigartig. Es ist unsere Aufgabe, uns selbst diese Akzeptanz zu schenken, uns nicht länger von den unrealistischen Idealen der Medien beeinflussen zu lassen und zu erkennen, dass wir genug sind, so wie wir sind. Selbstliebe bedeutet aber nicht nur, unseren Körper zu akzeptieren, und für uns einzustehen. Selbstliebe bedeutet auch, dass wir uns selbst genug lieben, um uns vor toxischen Menschen und Beziehungen zu schützen. Es bedeutet, uns selbst die Liebe zu geben, die wir verdienen, anstatt sie bei Menschen oder in Dingen zu suchen, die uns nicht guttun. Wir haben das Recht, glücklich zu sein, so wie wir sind. Wir sind es wert, geliebt zu werden – vor allem von uns selbst. Wenn du dich selbst nicht akzeptierst und wertschätzt, wer soll es dann machen? Sei dir selbst dein bester Freund!

Für Kinder von suchtkranken Eltern kann es eine lebenslange Aufgabe sein, diesen Anker in sich selbst zu finden. Es bedeutet, die Verantwortung für das eigene Leben zu übernehmen und die Wunden der Vergangenheit zu heilen. Es bedeutet, die eigenen Grenzen zu erkennen und zu lernen, dass es in Ordnung ist, nicht immer stark sein zu müssen. Indem wir lernen, uns selbst zu lieben, schaffen wir die Grundlage für ein authentisches und erfülltes Leben. Wir werden zu unserem eigenen Anker, der uns durch die Stürme des Lebens trägt und uns hilft, unseren Weg mit Zuversicht und innerem Frieden zu gehen.

Toxische Beziehungen

Eine toxische Beziehung ist weit mehr als nur eine Beziehung, die nicht funktioniert. Sie ist eine Dynamik, die schädlich und zerstörerisch ist, in dem Menschen sich gegenseitig emotional, psychisch oder sogar physisch verletzen. Der Begriff „toxisch" stammt aus der Chemie und beschreibt Substanzen, die giftig und gefährlich sind. Übertragen auf Beziehungen bedeutet dies, dass die Interaktionen zwischen den Beteiligten krankmachend sind, dass sie schleichend das Selbstwertgefühl, die Lebensfreude und die mentale Gesundheit untergraben. Toxische Beziehungen können in verschiedensten Formen auftreten: zwischen Partnern, innerhalb der Familie, am Arbeitsplatz oder sogar in der Beziehung, die wir zu uns selbst pflegen.

Eine toxische Beziehung beginnt oft mit subtilen, aber kontinuierlichen Verhaltensweisen, die das Selbstwertgefühl und die emotionale Stabilität der beteiligten Personen beeinträchtigen. Diese Beziehungen sind durch Manipulation, emotionale

Erpressung, Kontrollversuche und häufige Konflikte gekennzeichnet. Menschen in toxischen Beziehungen erleben oft das Gefühl von Verwirrung und Selbstzweifel, da ihre Wahrnehmung der Realität ständig infrage gestellt wird. Es kann sich um Manipulation in Form von Gaslighting handeln, bei dem die betroffene Person an ihrem eigenen Verstand zweifelt, oder um eine übermäßige Kontrolle, die persönliche Freiheiten und Autonomie einschränkt. Neben diesen offensichtlichen Merkmalen gibt es auch weniger erkennbare Formen toxischer Beziehungen. Dazu gehören toxische Verhaltensweisen gegenüber sich selbst, wie Selbstkritik, Selbstsabotage oder ungesunde Bewältigungsmechanismen wie übermäßiges Essen, Alkohol- oder Drogenmissbrauch. Diese Verhaltensweisen sind oft ein Spiegelbild der ungesunden Beziehung, die wir zu uns selbst entwickelt haben, und können genauso schädlich sein wie toxische Beziehungen zu anderen Menschen.

In meinem Leben waren toxische Beziehungen leider ein immer wiederkehrendes Muster. Rückblickend liegt es nahe, dass ich in toxische Beziehungen hineingeraten bin, denn ich komme selbst aus einer Umgebung, die von Toxizität durchdrungen war. Meine Familie hat mir von klein auf vorgelebt, was es bedeutet, in ungesunden, schädlichen Beziehungen zu leben – sei es zu anderen Menschen, zu Substanzen oder zu sich selbst.

Das naheliegende Beispiel ist die Alkohol- und Drogenabhängigkeit meiner Eltern. Beide waren heroinabhängig, kämpften zusätzlich mit einer Alkoholabhängigkeit. Es gibt wohl kaum etwas Toxischeres als die eigene Zerstörung durch Drogenmissbrauch. Mein Vater war so weit von Selbstliebe entfernt, dass er sein eigenes Leben durch eine Überdosis Heroin beendete. Er hatte nie gelernt, seinen Schmerz zu verarbeiten, der ihn seit seiner Kindheit quälte. Stattdessen betäubte er sich, bis sein Körper und Geist dem nicht mehr standhalten konnten. Für meine Mutter galt dasselbe – sie hatte keine gesunden Beziehungen und konnte mir keine Stabilität oder Liebe vorleben. Ihre Partner waren durchweg Männer mit eigenen Suchtproblemen, die kriminell waren oder bereits im Gefängnis saßen. Sie spiegelten die eigene Unsicherheit und den Mangel an Selbstwert wider, den sie selbst fühlte.

Auch meine Großeltern, die mir in vielerlei Hinsicht eine Stütze waren, lebten mir keine wirklich gesunden Beziehungen vor. Wie viele aus ihrer Generation heirateten sie nach dem Krieg und blieben zusammen, auch wenn ihre Ehe nicht immer glücklich war. Es gab viel Streit und unterschiedliche Süchte, die das Familienleben prägten. Mein Opa war ein stiller Mann, in sich gekehrt und zurückgezogen. Er sprach nie über seine Gefühle, trug seine Lasten still mit sich herum und starb schließlich an Krebs. Ich bin überzeugt, dass er viele unverarbeitete Traumata mit sich trug, die er nie verarbeiten konnte, weil in seiner Generation das Sprechen über solche Dinge nicht üblich war. Diese mangelnde

Kommunikation, das Nicht-Ausdrücken-Können von Gefühlen und das Festhalten an ungesunden Mustern haben sich tief in das familiäre Erbe eingegraben.

In dieser Umgebung aufgewachsen, war es fast unvermeidlich, dass ich selbst in toxische Beziehungen geraten bin. In meiner Kindheit und Jugend habe ich nie gelernt, was es bedeutet, gesunde, respektvolle und liebevolle Beziehungen zu führen. Stattdessen entwickelte ich den Glaubenssatz, dass ich für Liebe immer etwas tun müsse. Dieser Mangel an Selbstliebe und Selbstwert zog sich wie ein roter Faden durch die Generationen meiner Familie und letztendlich auch durch mein eigenes Leben und manifestierte sich in ungesunden Beziehungen zu Männern.

Aber warum bleiben wir in toxischen Beziehungen? Oft liegt es daran, dass wir unbewusst an den alten, vertrauten Mustern festhalten. Die toxischen Beziehungen, die wir erleben, sind häufig Spiegelbilder der ungesunden Dynamiken, die wir in unserer Kindheit erlebt haben. Diese Muster sind so tief in uns verankert, dass wir sie oft nicht einmal bewusst erkennen. Der Schmerz und die Unsicherheit, die wir von früheren Beziehungen mitgebracht haben, neigen dazu, sich in neuen Beziehungen zu wiederholen, da wir versuchen, ungelöste Konflikte und Gefühle zu verarbeiten. Der Mensch, der uns in einer toxischen Beziehung begegnet, ist oft nur ein Katalysator, der diese tief verwurzelten Probleme ans Tageslicht bringt.

Es ist wichtig zu erkennen, dass toxische Beziehungen nicht nur in Partnerschaften existieren. Sie können sich auch in Freundschaften, am Arbeitsplatz oder in der Beziehung zu uns selbst manifestieren. Wir neigen dazu, uns in Menschen oder Situationen zu verlieren, die uns schaden, weil wir es nicht anders gelernt haben oder weil wir hoffen, dass sich etwas ändern wird, wenn wir uns nur genügend anstrengen. Der erste Schritt zur Heilung besteht darin, diese toxischen Muster zu erkennen und zu verstehen, dass wir die Fähigkeit haben, aus ihnen auszubrechen. Die

Reise zur Selbstheilung beginnt mit der Erkenntnis, dass wir uns selbst und unsere Bedürfnisse wertschätzen müssen. Wir müssen lernen, gesunde Grenzen zu setzen, uns selbst zu respektieren und uns von Menschen und Verhaltensweisen zu distanzieren, die uns schaden. Der Weg aus toxischen Beziehungen führt über Selbstreflexion, Bewusstsein und die Bereitschaft, alte Muster zu durchbrechen. Es erfordert Mut, sich von vertrauten, aber schädlichen Dynamiken zu trennen und den eigenen Wert zu erkennen.

Die toxischen Beziehungen, in die ich geriet, zeigten sich auf unterschiedliche Weise. Eine besonders destruktive Phase in meinem Leben war die Beziehung zu einem narzisstischen Partner. Diese Beziehung war geprägt von emotionalem Missbrauch und Manipulation. Der Narzisst in dieser Beziehung sorgte dafür, dass ich mich immer mehr in meiner eigenen Unsicherheit und dem Drang, alles richtig machen zu wollen, verlor. Es war ein stetiger Kampf, bei dem ich immer wieder gegen meine eigenen Grenzen ging, nur um etwas Anerkennung und Liebe zu bekommen. Diese Beziehung war nicht nur schmerzhaft, sondern auch ein Lehrstück darüber, wie toxische Dynamiken tief verwurzelt sein können und sich immer wiederholen, wenn wir nicht aufpassen.

Der Narzisst in meinem Bett

Ich sah ihn zum ersten Mal auf einem kleinen Festival, einem Tages-Open-Air. Und ich wusste es sofort: Dieser Mann war besonders. Anders. Sein Auftreten, seine Erscheinung – er stach aus der Menge heraus wie ein Magnet, der mich unwiderstehlich anzog, als würde eine unsichtbare Kraft mich mit einer Intensität erfassen, der ich mich nicht entziehen konnte. Groß, charismatisch, extravagant gekleidet, übersät mit auffälligen Tattoos. Keine Spur von Beliebigkeit – kein Mitläufer. Eine schillernde Persönlichkeit, die sich nicht anpasste, sondern dominierte.

Ich wollte ihn ansprechen, doch ich war schon auf dem Weg nach Hause. Dennoch ließ er mich nicht los. In den darauffolgenden Tagen dachte ich nur an eines: „Ich muss ihn wiedersehen!" Das Schicksal schien mich zu erhören und spielte mir in die Karten. Genau eine Woche später stand er da – mitten auf einem Straßenfest. Wir kamen ins Gespräch und von diesem Moment an waren wir unzertrennlich. Wir verbrachten jede freie Minute miteinander, redeten die Nächte durch, tranken, lachten, berührten uns. Alles war intensiv.

Unsere Gespräche waren anders als alles, was ich bisher kannte. Wir redeten nicht über Belangloses – kein Smalltalk, keine Oberflächlichkeiten. Mit ihm tauchte ich in tiefere Welten ein. Wir sprachen über das Universum, über das Leben nach dem Tod, über die Natur des Bewusstseins. Über Zufall und Schicksal, über die Frage, ob wir wirklich freie Entscheidungen treffen oder nur einem unsichtbaren Plan folgen. Er hatte eine Art, Dinge zu betrachten, die mich faszinierte. Er verband Philosophie mit Spiritualität, sprach von Energien, von kosmischen Zusammenhängen, von Dingen, die nicht greifbar, aber dennoch spürbar waren. Er ließ mich glauben, dass es eine größere Wahrheit gab, eine tiefere Bedeutung hinter allem, und dass er sie verstand – oder ihr zumindest näher war als die meisten anderen. Er hinterfragte alles, suchte nach Antworten, die es vielleicht gar nicht gab. Und ich? Ich hörte zu. Saugte seine Worte auf. Ließ mich von seinen Gedanken mitreißen. Denn neben ihm fühlte ich mich endlich verstanden – als hätte ich jemanden gefunden, der genauso tief fühlte, genauso rastlos suchte wie ich.

Er sagte, er habe noch nie eine Frau getroffen wie mich. Dass ich anders sei. Besonders. Dass er mich sehe. Und ich glaubte ihm. Ich glaubte ihm jedes Wort. Und genau wie bei vielen, die sich in Narzissten verlieben, fühlte es sich an wie die absolute Seelenverbindung. Als hätte ich endlich den Menschen gefunden, der mich vollständig machte. Ich war auf einer Welle, die mich unaufhaltsam mitriss – und ich wollte nicht, dass sie jemals endete.

Aber das tat sie. Schneller als gedacht setzte eine Bequemlichkeit ein. Oder vielmehr ein Ungleichgewicht. Ich war diejenige, die alles zusammenhielt. Ich organisierte, kaufte ein, plante, zahlte. Ich trieb diese Beziehung an, machte sie schön, hielt sie am Leben. Und während ich mich bemühte, wurde er nachlässiger. Gleichgültiger. Die anfängliche Euphorie wich einer Schwere, die ich nicht einordnen konnte – oder nicht einordnen wollte.

Die Dynamik zwischen uns begann sich allmählich zu verändern. Die tiefgründigen Gespräche, die mich einst so faszinierten, wurden seltener. Stattdessen rückte etwas anderes in den Vordergrund: Kritik, subtile Spitzen, kleine Sticheleien, die mich zunächst verwirrten. Wo er mich anfangs auf ein Podest gehoben hatte, begann er nun, an diesem Sockel zu sägen. Erst kaum merklich, dann immer deutlicher.

Er wurde ungeduldiger mit mir, weniger nachsichtig. Mein Lachen, das er früher geliebt hatte, war plötzlich „zu laut". Meine Meinung, die er einst so schätzte, wurde nun „naiv". Er fand Fehler, wo vorher Perfektion lag, sah Makel, wo er einst Schönheit gesehen hatte. Gleichzeitig zog er sich mehr und mehr aus unserer Beziehung zurück. Während ich mich fragte, was ich falsch gemacht hatte, streifte er durch die Nächte, ließ sich treiben, suchte neue Bewunderung – Frauen,

Alkohol, Exzesse. Und ich? Ich versuchte, die Version von mir wiederzufinden, die er einst so vergöttert hatte. Ohne zu verstehen, dass das nie wirklich ich war – sondern nur das Bild, das er von mir gemalt hatte.

Rückblickend hätte es mir klar sein müssen. Aber das war es nicht. Wie auch? Ich kannte es nicht anders. Ich kannte die Rolle, die ich spielte. Sie war mir von Kindheit an vertraut. Zuhause war ich die, die alles regelte, alles zusammenhielt, während die Erwachsenen in ihrem eigenen Chaos versanken. Und nun war ich wieder dort – die treibende Kraft in einer Beziehung, die mich langsam verschlang. Je mehr er mich abwertete, desto verzweifelter versuchte ich, es ihm recht zu machen. Ich wollte zurück zu dieser Anfangsphase, in der er mich mit leuchtenden Augen ansah, in der er meine Gedanken spannend fand und meine Anwesenheit wie ein Geschenk empfand. Doch egal, was ich tat – es war nie genug. Sein Blick wurde kälter, seine Worte schärfer. Wo er mich einst mit Komplimenten überschüttet hatte, fielen nun abfällige Bemerkungen. Mit jeder Enttäuschung wuchs die Unruhe in mir. Ich verstand nicht, was geschehen war. Warum war ich nicht mehr die Frau, die ihn begeisterte? Warum wich die Nähe immer mehr der Distanz? Ich begann mich selbst infrage zu stellen, mich zu verändern, mich anzupassen – doch es brachte nichts. Im Gegenteil. Je mehr ich mich bemühte, desto mehr verachtete er mich. Bis schließlich nur noch Frust blieb. Und Streit. Die Auseinandersetzungen wurden heftiger. Er war nicht mehr nur launisch oder abweisend – er wurde unverschämt. Seine Worte waren nicht nur hart, sie waren grausam. Und in seinen Augen sah ich nicht mehr den Mann, der mich einst so fasziniert hatte, sondern jemand völlig Fremden. Jemand, der mir absichtlich wehtun wollte. Und so häuften sich die Streitereien. Erst schienen es belanglose Diskussionen, dann wurden es Auseinandersetzungen über Unklarheiten, über Frauen, über Ungereimtheiten in seinen Erzählungen. Immer wieder ertappte ich ihn bei Lügen, immer wieder redete er sich heraus. Wenn ich ihn damit konfrontierte, wurde er aggressiv –

meist laut und bedrohlich. Seine Stimmung schwankte. Mal war er liebevoll und charmant, dann wieder distanziert und kalt. Ich spürte, dass etwas nicht stimmte, aber ich wollte es nicht wahrhaben. Als er plötzlich vor meiner Tür stand, mit einem Gesichtsausdruck, der Mitleid einfordern sollte, und mir erzählte, dass er seine Miete nicht mehr zahlen könne, ließ ich ihn einziehen. Ohne zu zögern – und so zog der Feind bei mir ein. Von nun an schlief der Narzisst jede Nacht in meinem Bett.

Natürlich gab es Warnzeichen. Ich sah, dass andere Frauen eine Rolle spielten und seine Lügen waren offensichtlich. Doch jedes Mal schaffte er es, mich wieder einzulullen, mich zu manipulieren. Mit seinen Worten. Mit seinen Versprechen. Mit seiner Nähe. Und ich? Ich glaubte. Ich glaubte die Lügen, weil die Wahrheit zu grausam gewesen wäre. Ich hasste ihn und liebte ihn zugleich. Ich war süchtig – nach ihm, nach Schmerz, nach Lügen, nach diesem einen Moment der Vergebung, wenn ich nach einem Streit wieder in seinen Armen lag. Es war alles so abgrundtief toxisch und irgendwie fühlte es sich vertraut an. Wie damals, in meiner Kindheit. Ein ständiges Auf und Ab. Ein Wechselbad der Gefühle. Doch die Streitigkeiten wurden heftiger. Erst waren es unterschwellige Kommentare, kleine Nadelstiche. Dann offene Beleidigungen, Beschimpfungen, Schreie. Er schmiss Gegenstände durch den Raum. Er schrie. Ich schrie zurück. Ich weinte. Und blieb. Ich blieb sogar, als er mir eine Zigarette ins Gesicht schnippte.

Doch zwischendurch gab es immer wieder diese Tage, an denen ich dachte: Vielleicht wird doch alles wieder gut. Wenn er plötzlich sanft war. Wenn wir uns nach einer tagelangen Eiszeit wieder leidenschaftlich liebten, als würde uns nichts trennen. Wenn wir die ganze Nacht wach blieben, redeten, lachten – so wie damals, als alles begann. Dann sah ich wieder den Mann, in den ich mich verliebt hatte. Ich klammerte mich an diese Momente, als könnten sie all das Schreckliche ungeschehen machen. Ich redete mir ein, dass er mich doch liebte. Dass er einfach nur momentan Probleme hatte, dass es nicht seine Schuld war. Vielleicht lag es an mir? Vielleicht war ich zu empfindlich? Vielleicht provozierte ich ihn? Ich begann, mich selbst zu verlieren. Ich passte mich seinen Launen an. Wenn er gute Laune hatte, atmete ich auf, fühlte mich leicht, glücklich. Wenn er schlecht drauf war, zog ich mich zurück, versuchte, nicht im Weg zu stehen, nicht zu widersprechen, ihn nicht auf die Palme zu bringen. Ich merkte gar nicht, wie sehr ich mich selbst regulierte – um nicht wieder einen Streit zu riskieren.

Doch es half nichts. Die Eskalationen wurden brutaler. Die Streitigkeiten dauerten länger, die Versöhnungen wurden kürzer. Ich konnte nicht mehr schlafen, weil ich nie wusste, in welcher Stimmung er sein würde. Aber irgendwann konnte ich nicht mehr. Ich funktionierte nur noch. Ich hatte Augenringe, die ich kaum noch mit Make-up kaschieren konnte, mein Körper war angespannt, mein Herz raste bei jeder Nachricht von ihm. Schlaf war längst ein Fremdwort. Ich lag nachts wach, gedanklich gefangen zwischen Angst und Hoffnung. Jeder Streit zermürbte mich mehr, aber jedes kurze Hoch – ein paar schöne Stunden, eine versöhnliche Nacht – ließ mich weitermachen. Ich entwickelte diese Art von toxischen Gedanken: Vielleicht, wenn ich mich noch mehr anstrenge. Vielleicht, wenn ich anders reagiere. Vielleicht, wenn ich einfach nicht provoziere.

Eines Morgens, nach einem besonders heftigen Streit, war ich völlig am Ende. Wir hatten bis in die Nacht geschrien, uns gegenseitig Worte an den Kopf geworfen, die ich heute nicht mehr in den Mund nehmen würde. Irgendwann war ich auf dem Sofa eingeschlafen, verheult, leer. Mein Wecker klingelte um vier Uhr morgens. Frühschicht. Ich versuchte aufzustehen, aber mein Körper war schwer. Mein Kopf dröhnte. Als ich in den Spiegel sah, erschrak ich. Mein Gesicht war verquollen, die Augen gerötet, als hätte ich tagelang durchgeweint. Und im Grunde hatte ich das auch. In diesem Moment war mir klar: Ich kann so nicht zur Arbeit. Ich trage Verantwortung und kann nicht so tun, als wäre alles normal. Ich griff zum Telefon, meldete mich krank. Zum ersten Mal in meinem Leben wegen eines Streits mit meinem Partner. Wie tief war ich gesunken? Ich schämte mich vor mir selbst. Und trotzdem – kaum hatte ich aufgelegt, kam sofort wieder die Stimme in meinem Kopf: Stell dich nicht so an. Reiß dich zusammen. Er wird sich bestimmt gleich entschuldigen. Bestimmt tut es ihm leid. Und dann? Dann wird alles wieder gut.

Doch es wurde nicht gut. Die guten Momente wurden seltener, die Abstände zwischen den Streitigkeiten immer kürzer. Ich fühlte mich gefangen in einem Kreislauf, aus dem ich nicht wusste, wie ich ausbrechen sollte. Es gab keinen konkreten Plan, keine Lösung. Es gab nur dieses dumpfe Gefühl der Hoffnungslosigkeit, das sich in mir ausbreitete. Ich wusste nicht, wohin mit mir. Ich wusste nur, dass ich nicht mehr konnte.

Und dann kam der Abend, der alles veränderte. Ein Streit. Wieder einer. Diesmal eskalierte es. Er schrie, ich schrie. Und dann spuckte er mir ins Gesicht.

Ich stand auf, verließ die Wohnung, ging zum nächsten Späti und kaufte eine Flasche Wein. Ich trank sie in einem Park leer. Ich saß dort, vor einer Kirche, heulte, war völlig am Ende. Der Mann, den ich für mein Zuhause hielt, hatte mich angespuckt. Ich blickte auf die Kirche und da war nur dieser eine, kaum greifbare Gedanke: „Gosse oder Gott!" Wie ein Mantra: „Gosse oder Gott!" Ich heulte wie ein Schlosshund, blickte auf die Kirche und flehte Gott an, mir aus dieser Gosse zu helfen, in der ich gelandet war. Ich flehte ihn an, mir ein Zeichen zu senden, irgendetwas zu unternehmen, das diesen Spuk beenden würde. Ich wusste, dass es so nicht weitergehen konnte. Mein Leben war auf dem besten Wege gegen die Wand zu fahren. Aber ich wusste nicht, wie ich ausbrechen sollte. War es die Angst vor dem Alleinsein? Die Hoffnung, dass sich doch noch alles zum Guten wendet? Oder etwa eine tiefe Überzeugung, dass ich es nicht anders verdient hatte?

Ich ging zur Wohnung zurück. Betrunken. Er war auch betrunken. Whisky, Bier, Wein – alles auf einmal. Wir schwiegen. Dann weinte ich, er auch. Wir saßen eine ganze Weile auf dem Boden, ohne zu sprechen. Jeder nippte an seinem Weinglas, obwohl jeder schon längst genug hatte. Wir küssten uns, wir liebten uns und dennoch kam wieder ein Wort zum anderen ... Und als wir zu schreien begannen, klingelte es plötzlich an der Tür. Ich machte auf – und sah zwei Polizisten vor mir stehen. In diesem Moment wurde ich schlagartig nüchtern. „Geht es Ihnen gut?" fragte die Beamtin. „Ein Nachbar hat uns gerufen. Es gab laute Streitigkeiten." Und da fiel es mir wie Schuppen von den Augen. Ich wiederholte meine Kindheit. Damals, als das Geschrei in unserer Wohnung durch die Wände drang. Als Nachbarn die Polizei riefen. Als die Beamten im Flur standen, vor meiner Mutter, vor mir. Ich hatte mein ganzes Leben lang versucht, diesem Ghetto zu entkommen. Ich dachte, ich hätte es geschafft. Ich war Polizistin. Ich war stark. Ich hatte mich befreit. Und doch saß ich hier, in meiner eigenen Wohnung, mit der Polizei vor meiner Tür – weil ich in einer Beziehung war, die mich genau dahin zurückgebracht hatte.

Ich wollte nur noch im Boden versinken vor Scham. Ich kam mir so unbeschreiblich dumm vor. Mein komplettes Weltbild zerbrach und ich wusste, dass ich jetzt handeln musste. Gott hatte mich an der Kirche erhört und zog mich aus der Gosse, indem er zwei Kollegen an meine Tür schickte, die mir kaum deutlicher spiegeln konnten, wie falsch die Richtung war, in die sich mein Leben entwickelte. Vielleicht war es dieser Schock, vielleicht brauchte ich diese Blöße, um endlich klar sehen zu können. So schlimm dieser Moment auch war, so wichtig war er auch. Denn so verließ ich noch in derselben Nacht mein eigenes Zuhause. Ich kam bei Freunden unter. Ich packte meine Sachen. Ich ging. Und kehrte nie wieder zurück.

Die darauffolgenden Monate waren schwer. Ich musste mich meinen Themen stellen. Ich durfte endlich begreifen, dass ich mich nicht nur aus den Fängen eines Narzissten und einer toxischen Beziehung befreien musste – sondern aus einem ganzen Leben voller toxischer Muster.

Falls du dich aktuell in solch einer toxischen Beziehung befindest, ist es wichtig zu wissen, dass Veränderung möglich ist. Der erste Schritt ist immer der schwerste, aber er kann der Beginn einer Reise zu einem gesünderen, erfüllteren Leben sein. Du verdienst es, in Beziehungen zu sein, die dich stärken und unterstützen, ohne Bedingungen oder Manipulationen. Wenn du dich selbst wertschätzt und lieben lernst, wirst du in der Lage sein, gesunde, erfüllende Beziehungen zu anderen aufzubauen. Daher ist es so wichtig, diese tiefe, liebevolle und vertrauensvolle Beziehung zu dir selbst aufzubauen. Die Basis für eine gesunde Beziehung zu anderen, ist eine gesunde Beziehung zu dir selbst.

Des Glückes Schmied

Es ist ein Phänomen, das mir schon lange auffällt: Menschen scheinen ein nahezu unstillbares Verlangen nach Drama zu haben. Statt das Glück zu wählen, scheinen sie sich in den Untiefen des Klatsches und Tratsches, der Schlagzeilen über Katastrophen und in den sozialen Medien, die Hass und Negativität verbreiten, geradezu zu verlieren. Warum ist das so? Warum entscheiden sich viele lieber für das Drama als für ein ruhiges, erfülltes Leben?

Einer der Gründe dafür könnte in der Natur des Menschen liegen. Drama, Klatsch und negative Nachrichten haben etwas Verlockendes. Sie wirken aufregend, weil sie uns emotional aufwühlen. Sie lassen uns etwas fühlen - selbst, wenn es etwas Unangenehmes ist, wie Angst, Wut oder Empörung. Es ist, als ob Menschen das Drama als eine Art Flucht vor dem Alltag nutzen, als eine Art Stimulus, der sie von ihrer eigenen Langeweile oder den Problemen in ihrem Leben ablenkt. Der Mensch sehnt sich nach Spannung, nach etwas, das sein Leben aufregender macht, und Drama scheint dafür perfekt zu sein.

Ein weiterer Grund könnte sein, dass Drama und Klatsch über andere Menschen uns ein Gefühl von Überlegenheit geben. Indem wir über die Fehler und Schwächen anderer urteilen, fühlen wir uns in unserer eigenen Position gestärkt. Wir bekommen das Gefühl, dass wir selbst besser dastehen, dass unsere eigenen Unzulänglichkeiten weniger bedeutsam sind. Diese Dynamik spielt sich auf unbewusster Ebene ab und macht das Drama zu einer Form von psychologischer Abwehr, die uns vor der unangenehmen Auseinandersetzung mit uns selbst schützt.

Aber was passiert, wenn man sich ständig mit Drama und Negativität umgibt? Es beeinflusst unseren Geist und unser Wohlbefinden in einem Ausmaß, das viele nicht wahrhaben wollen. So wie unser Körper regelmäßige Pflege und Reinigung braucht, braucht auch unser Geist eine Art von Hygiene. Wer sich ständig mit negativen Nachrichten und Klatsch füttert, wird irgendwann feststellen, dass diese Negativität auf ihn abfärbt. Sie sickert in unser Unterbewusstsein ein, beeinflusst unsere Stimmung, unsere Gedanken und letztlich auch unsere Handlungen. Drama zu konsumieren oder selbst Drama zu erzeugen, ist wie ein Gift, das langsam in unsere Seele tropft, bis wir uns selbst kaum noch erkennen.

Ich habe mich schon lange entschieden, mich von dieser Art der Negativität fernzuhalten. Ich habe keinen Fernseher, um nicht in die Falle zu tappen, ständig negative Nachrichten oder sensationslüsterne Talkshows zu konsumieren. Stattdessen habe ich entschieden, selbst bewussten und positiven Content zu produzieren, anstatt nur zu konsumieren. Ich möchte nicht Teil dieser endlosen Schleife von Negativität sein, die sich täglich wiederholt und unsere Gesellschaft wie eine unsichtbare Hand in die Dunkelheit zieht.

Und doch, trotz dieser bewussten Entscheidung, sehe ich immer wieder Menschen, die sich fast schon verzweifelt an Drama klammern. Die sich mehr für die Fehler und das Scheitern anderer interessieren als für ihre eigenen Träume und Möglichkeiten. Es ist, als ob sie Angst davor haben, sich mit sich selbst zu beschäftigen. Denn sich auf sich selbst zu fokussieren, bedeutet auch, sich mit den eigenen Schwächen, Ängsten und Unzulänglichkeiten auseinanderzusetzen. Es bedeutet, Verantwortung für das eigene Leben zu übernehmen. Und das erfordert Mut. Mut, vor der eigenen Haustür zu kehren, statt immer auf die Haustüren der anderen zu schielen.

Aber ich habe gelernt, dass der Weg zum Glück oft genau hier beginnt: bei der Entscheidung, sich nicht länger vom Drama anderer ablenken zu lassen, sondern sich auf das eigene Leben zu konzentrieren. Es bedeutet, die Verantwortung für das eigene Glück zu übernehmen und sich nicht länger von den Meinungen und Erwartungen anderer leiten zu lassen. Denn am Ende des Tages ist das einzige Drama, das wir wirklich beeinflussen können, das Drama, das wir selbst in unserem Leben erzeugen.

Manchmal ist es eine bewusste Entscheidung, aus dem Drama auszusteigen. Es bedeutet, sich aus dem Klatsch und Tratsch herauszuhalten, keine Zeitungen mehr zu lesen, die nur von Katastrophen berichten, und keine Zeit in sozialen Medien zu verbringen, die nur darauf ausgelegt sind, Neid und Missgunst zu schüren. Es bedeutet, die eigene Gedankenwelt bewusst zu pflegen, genauso wie man seinen Körper pflegt.

Ich nenne es Gedankenhygiene – die bewusste Entscheidung, den eigenen Geist sauber zu halten, ihn vor der Negativität der Welt zu schützen. Denn das, womit wir unseren Geist füttern, wird irgendwann auch zu dem, was wir sind. Und ich habe für mich entschieden, dass ich lieber glücklich und frei von Drama bin, als mich ständig von der Negativität anderer herunterziehen zu lassen. Es ist eine Entscheidung für das eigene Wohlbefinden, für ein glückliches und erfülltes Leben. Und am Ende des Tages ist es das, was wirklich zählt.

Ich sehe es immer wieder in meiner Arbeit als Coach: Wenn ich Menschen frage, wie ihr perfektes Leben aussehen würde, stoße ich häufig auf eine unerwartete Leere. Die meisten haben keine klare Antwort darauf. Sie schweigen und fangen nach einem Moment des Nachdenkens an, alles Negative aufzuzählen, was sie nicht mehr in ihrem Leben haben wollen: den Stress, den Ärger mit dem Chef, die Probleme in der Beziehung, die Angst vor der Zukunft. Doch wenn ich sie dann liebevoll darauf hinweise, dass sie damit nicht meine eigentliche Frage beantwortet haben, blicken sie mich oft irritiert an. Warum ist das so? Warum fällt es vielen so schwer, sich ein Leben vorzustellen, das erfüllt ist von Freude, Glück und Zufriedenheit? Warum scheint es so viel einfacher zu sein, all die Dinge aufzulisten, die man nicht mehr will, anstatt sich darauf zu fokussieren, was man wirklich möchte?

Ich denke, es liegt daran, dass wir von klein auf darauf konditioniert sind, mehr über unsere Mängel und Fehler nachzudenken als über unsere

Wünsche. Uns wird beigebracht, uns darauf zu konzentrieren, was fehlt, anstatt auf das, was möglich ist. Wir sind so sehr damit beschäftigt, die Dinge zu vermeiden, die uns unglücklich machen, dass wir verlernt haben, darüber nachzudenken, was uns wirklich glücklich macht. In meiner Arbeit als Coach geht es auch darum, den Menschen Mut zu machen, wieder groß zu denken, an sich und die eigenen Fähigkeiten zu glauben, für sich und die eigenen Wünsche und Träume einzustehen. Denn wenn wir uns nur darauf konzentrieren, was wir nicht wollen, bleiben wir gefangen in einem Kreislauf aus Negativität. Doch wenn wir den Mut haben, uns ein positives Ziel zu setzen, wenn wir uns vorstellen, wie ein erfülltes Leben aussehen könnte, dann beginnen wir, in die Richtung dieses Lebens zu gehen.

Diese Reaktionen zeigen mir auch, wie tief die Neigung zum Drama und zur Negativität in unserer Gesellschaft verwurzelt ist. Es ist einfacher, sich in den Problemen und dem Drama des Alltags zu verlieren, als die Verantwortung dafür zu übernehmen, sein eigenes Glück aktiv zu gestalten. Doch genau hier liegt der Schlüssel: in der Entscheidung, sich nicht länger von negativen Gedanken und äußeren Umständen leiten zu lassen, sondern aktiv und bewusst ein erfülltes Leben zu gestalten.

In diesen Momenten denke ich oft an eine alte, vielleicht abgedroschene Floskel: „Jeder ist seines Glückes Schmied." Sie mag simpel klingen, fast schon zu einfach, um wirklich wahr zu sein, aber genau darin liegt ihre Kraft. Diese Worte tragen eine tiefe Wahrheit in sich, die wir manchmal übersehen. Sie erinnern uns daran, dass wir, und nur wir, die Verantwortung für unser eigenes Leben und unser eigenes Glück tragen.

Für mich war genau dieser Gedanke eine treibende Kraft, um es aus meiner toxischen Herkunft herauszuschaffen und etwas aus meinem Leben zu machen. In einer Umgebung aufzuwachsen, die von Chaos, Sucht und Unbeständigkeit geprägt war, hat mir früh gezeigt, wie leicht es ist, im Drama und in negativen Mustern gefangen zu bleiben. Ich hätte die Opferrolle übernehmen können, wie es so viele andere tun. Ich hätte mich unaufhörlich darüber beklagen können, wie ungerecht das Leben ist und wie schwer es ist, in einem solchen Umfeld etwas Gutes zu erreichen. Aber ich entschied mich anders. Ich entschied mich, mein eigener Schmied zu sein. Diese Floskel hat für mich nicht nur bedeutet, die Kontrolle über mein Schicksal zu übernehmen, sondern auch, dass ich die Fähigkeit habe, mein eigenes Glück zu formen, unabhängig davon, wie die Umstände um mich herum aussehen. Es bedeutete, dass ich mein Leben nicht länger als ein Produkt meiner Vergangenheit sehen wollte, sondern als eine Möglichkeit, meine eigene Zukunft zu gestalten. Es bedeutete, dass ich Verantwortung für meine eigenen Entscheidungen übernahm - die Guten und die Schlechten.

„Jeder ist seines Glückes Schmied" klingt vielleicht einfach, aber es ist alles andere als leicht. Es erfordert Mut, die Komfortzone zu verlassen, in der es so einfach ist, anderen die Schuld zu geben oder auf bessere Zeiten zu hoffen. Es erfordert die Bereitschaft, an sich selbst zu glauben, auch wenn es niemand sonst tut. Es bedeutet, sich selbst die Erlaubnis zu geben, zu träumen, zu wachsen und das Leben zu führen, das man wirklich leben möchte. Für mich war diese Überzeugung ein Rettungsanker. Sie hat mir geholfen, mich auf meine eigenen Stärken zu besinnen, meine Ziele klar vor Augen zu halten und meinen Weg trotz aller Widerstände zu gehen. Sie hat mir gezeigt, dass ich nicht das Produkt meiner Herkunft bin, sondern dass ich das Recht und die Macht habe, mein eigenes Leben zu gestalten.

Und das ist eine Botschaft, die ich jedem mit auf den Weg geben möchte, der sich gerade in einem Kreislauf aus Negativität oder in einem toxischen Umfeld gefangen fühlt: du hast die Macht, dein eigenes Glück zu schmieden. Es mag nicht einfach sein, und es wird Rückschläge geben, aber die Kontrolle über dein Leben liegt in deiner Hand. Es liegt an dir, das Eisen zu schmieden, solange es heiß ist!

Manchmal fragen mich Menschen, wie ich es geschafft habe, aus meiner schwierigen Herkunft herauszukommen und ein erfülltes Leben zu führen. Die Antwort ist simpel und doch tiefgründig: Ich habe die Entscheidung getroffen, mein Glück selbst zu schmieden und das Leben zu manifestieren, das ich mir wünsche. Jeder von uns hat diese Macht. Es liegt an uns, sie zu nutzen. Für jeden Menschen bedeutet Frieden und Glück etwas anderes. Für die einen ist es materielle Sicherheit, für andere die Freiheit, sich kreativ auszudrücken, und wieder andere finden ihr Glück in der Verbindung zu ihren Mitmenschen oder in der Natur. Es gibt kein universelles Rezept für Glück, und das ist auch gut so. Jeder von uns sollte die Freiheit haben, sein Leben so zu gestalten und zu manifestieren, wie es für ihn oder sie am besten passt. Denn am Ende haben wir alle nur begrenzte Zeit in diesem Leben. Warum sollten wir diese Zeit nicht nutzen, um unser eigenes, einzigartiges Glück zu finden und zu leben?

Die Kunst des Glücks liegt darin, sich klarzumachen, was uns wirklich erfüllt und uns darauf zu fokussieren, dieses Ziel zu erreichen. Es geht darum, unsere Träume zu visualisieren, sie zu fühlen und uns jeden Tag bewusst zu machen, dass wir die Macht haben, unser eigenes Leben zu formen. Der Glaube an unsere eigene Schöpferkraft ist der erste Schritt, um ein Leben in Frieden und Glück zu führen, das ganz unseren eigenen Vorstellungen entspricht. Sein eigener Schmied zu sein bedeutet auch, sich nicht von den negativen Stimmen aufhalten lassen, sondern immer an sich und die eigenen Fähigkeiten zu glauben. Noch nie im Leben habe ich mich aufhalten lassen davon, dass jemand mir sagte, dass ich etwas nicht schaffen könne. Schon gar nicht, wenn die Person selbst nicht dort ist, wo ich hinwill.

Das war auch eine wichtige Erkenntnis für mich, immer zu überlegen, wen ich um Rat frage bzw. wenn mich jemand kritisiert, dann schaue ich: Ist die Person bereits da, wo ich selbst einmal hinwill?

Lebt die Person selbst das vor, was sie kritisiert oder zu sagen hat?

Wenn ich beispielsweise wissen will, wie ich meine finanzielle Situation verbessern kann, ist es nicht klug, einen Freund zu fragen, der hoch verschuldet ist. Wenn ich Beziehungsprobleme habe, frage ich vielleicht nicht die Freundin, die sich gerade scheiden lässt und den schlimmsten Rosenkrieg durchmacht. Wenn ich abnehmen will, frage ich eine Freundin, die einen vitalen und fitten Körper hat, so wie ich ihn auch gerne erarbeiten möchte. Freunde geben uns nicht immer die besten Ratschläge, auch wenn sie es lieb meinen, haben sie manchmal schlichtweg keine Ahnung, leben es selbst nicht vor oder haben ihre eigenen unbewussten Programme, die sie von ihrem Traumleben abhalten. Es ist wichtig, dass du dir eins ganz klar und deutlich machst: Nur du weißt, was am besten für dich und dein Leben ist.

Vergiss nicht, es wird immer Menschen geben, die kritisieren – und manchmal ist Kritik auch berechtigt und konstruktiv. Aber es wird auch immer Menschen geben, die ihre eigene Unsicherheit und Unzufriedenheit auf dich projizieren. Wichtig ist, dass wir uns nicht von solchen Stimmen aufhalten lassen. Wir müssen nur lernen, Kritik abzuwägen: Ist sie konstruktiv und berechtigt, oder ist sie das Produkt von jemandes eigener Unzufriedenheit? Wollen wir uns diese Kritik zu Herzen nehmen, weil sie uns weiterbringt, oder erkennen wir sie, als das, was sie ist – eine Projektion von Unsicherheiten und negativen Glaubenssätzen anderer Menschen?

Es geht darum, sich selbst treu zu bleiben, auf die eigene Intuition zu hören und sich immer wieder daran zu erinnern, wer man tief im Inneren ist und was man kann. Lass dir von niemandem einreden, dass du nicht gut genug, nicht stark genug oder nicht klug genug bist. Denn am Ende des Tages bist du es, der deinen eigenen Wert bestimmt.

David gegen Goliath

Ich war schon immer ein Mensch, der seinen eigenen Weg geht, auch wenn das bedeutet, anecken zu müssen. Authentizität – das ist eine meiner wertvollsten Eigenschaften. Doch diese Eigenschaft bringt auch mit sich, dass ich mein Herz auf der Zunge trage, und das passt nicht jedem. Ich sage oft „Nein", wo ein „Ja" erwartet wird, und ich biete jemandem die Stirn, selbst wenn es die gesellschaftlichen Konventionen nicht zulassen.

Diese Normen, sie sind es, die so oft verhindern, dass Menschen ihre Träume leben. Sie bringen uns dazu, uns immer wieder zu fragen: „Was denken die anderen?" Die Nachbarn, die Kollegen, die Menschen in der Straßenbahn, die wir nie wiedersehen werden. Versteh mich nicht falsch, natürlich halte ich mich an Regeln und Gesetze, ich liebe soziale Kontakte, bin gerne unter Menschen, benötige die Gemeinschaft wie jeder andere auch. Aber für mich hatte diese Frage danach, was die anderen denken, noch nie eine großartige Bedeutung.

Ich habe früh gelernt, dass die Meinungen anderer Leute meine Probleme nicht lösen, meine Miete nicht bezahlen und sie nicht in meinen Schuhen laufen.

Irgendwie habe ich in der Zeit, in der meine Familie so tat, als wäre alles bei uns normal, nur um das Bild nach außen hin aufrechtzuerhalten, eine Art Abneigung dagegen entwickelt, oberflächliche Erwartungen der Gesellschaft zu erfüllen. Die Tatsache, dass ich schon früh dem Spott ausgesetzt war, das „Ghetto-Kind" zu sein, die „ohne Eltern", macht es nicht besser. Ich hatte ja im Grunde nur zwei Optionen: daran zerbrechen, oder einen F*ck darauf geben, was die anderen sagen. Ich entschied mich für letzteres, neue Eltern konnte ich mir schließlich nicht herbeizaubern.

Ich erinnere mich an eine Situation mit einem Mitschüler, ich war schätzungsweise in der 8ten

Klasse auf dem Gymnasium. Ich setzte mich in der Pause versehentlich auf einen Platz, auf dem er sitzen wollte, was aber nicht ersichtlich für mich war. Er forderte mich unverschämt auf, den Platz freizugeben. Ich hielt zunächst dagegen, bis zu dem Moment, als er lautstark vor der gesamten Klasse sagte: „Dann hol´ doch deine drogenkranke Mama!" Ich erstarrte. Ich gab den Platz frei und verließ den Klassenraum, in der Hoffnung, dass es niemand gehört hatte, was natürlich utopisch war. Ich ging hinter das Schulgebäude und weinte. Ich spürte den Zorn und den Groll gegenüber meinem Mitschüler. Ich spürte die Traurigkeit, die sich aufgrund der Wahrheit seiner Worte in mir breitmachte. Ich spürte die Scham und da war er, der Gedanke: „Was denken die anderen Mitschüler jetzt von mir?" Das Läuten der Schulglocke riss mich aus den Gedanken. Was sollte ich nun machen, ich musste schließlich zurück ins Klassenzimmer. Die Schule konnte ich wohl schlecht wechseln. Ich nahm all meinen Mut zusammen und ging zurück ins Klassenzimmer. Ich ließ mir meine Traurigkeit nicht anmerken, setzte mich auf meinen Platz und hoffte, dass der Tag einfach schnell vorbeigehen würde.

Heute ist es so: Ich schätze natürlich die Ratschläge und Meinungen meiner Liebsten, was mich stört ist, wenn Menschen lästern. Wenn sie hinter deinem Rücken tuscheln, gehässig und abfällig werden, dich mit Absicht verletzten wollen. Wenn sie sich eine Meinung über dich und dein Handeln bilden, obwohl sie nur einen Bruchteil von dir kennen. Menschen, die andere kleiner machen, um sich selbst größer zu fühlen, deren Meinung ist mir egal. Denn Menschen, die lästern, tun dies meist nur, um von ihren eigenen Unsicherheiten und Problemen abzulenken. Deshalb habe ich nie zugelassen, dass die Angst vor den Gedanken anderer mein Leben bestimmt. Wie gesagt, ich bin nicht gegen gesellschaftliche Regeln. Ich weiß, wie wichtig Höflichkeit und Respekt sind. Ich kann mich gebildet ausdrücken und weiß, wann es angebracht ist, den Mund zu halten. Aber genauso gut weiß ich, wann es nötig ist, meine Stimme zu erheben, um für Gerechtigkeit einzustehen. Und da spielt es keine Rolle, ob es mich selbst oder andere betrifft. Ich war schon immer die, die sich schützend auf dem Schulhof vor den Außenseiter gestellt hat. Selbst, wenn die Mobber in Überzahl waren. Vielleicht, weil ich der „Robin Hood" für andere sein wollte, den ich in meiner Kindheit selbst gebraucht hätte. Vielleicht, weil ich schlichtweg ein sehr empathischer Mensch bin.

Es ist ein bisschen wie bei David und Goliath. Vielleicht kennst du die biblische Geschichte aus dem ersten Buch Samuel Vers 17 – der einzigartige Moment, in dem es der Hirtenjungen David mit dem riesigen Krieger Goliath aufnimmt und gegen jegliche Erwartungen siegt. Die Philister, das Volk Goliaths, bedrohen die Israeliten und fordern sie zu einem Kampf heraus. Goliath, ein furchteinflößender und mächtiger Krieger, spottet über die Israeliten und fordert sie auf, einen Kämpfer zu schicken, der gegen ihn antritt. David, ein junger und mutiger Hirte, bietet sich freiwillig an, gegen Goliath zu kämpfen, obwohl er nicht als Krieger ausgebildet ist und ihm niemand zutraut, gegen den übermächtigen Gegner zu bestehen. Mit nichts weiter als einer Schleuder und fünf glatten Steinen tritt David Goliath entgegen. Er lehnt das schwere und sperrige Kriegsgerät des Königs Saul ab und vertraut stattdessen auf seinen Glauben und seine Fähigkeiten. Als der Kampf beginnt, bewegt sich David geschickt und trifft Goliath mit einem Stein an der Stirn, genau zwischen den Augen. Der Stein trifft so präzise und mit solcher Wucht, dass Goliath zu Boden fällt.

Mit diesem unerwarteten Sieg zeigt David, dass es nicht immer die Größe, die Stärke oder der Status ist, die einen Sieg erringen, sondern Mut, Entschlossenheit und der Glaube an sich selbst. Die Geschichte symbolisiert den Triumph des Kleinen über das Große, des Schwachen über das Starke, desjenigen, der bereit ist, gegen alle Widrigkeiten anzutreten und für das zu kämpfen, woran er glaubt.

Mich faszinierte diese Geschichte schon immer, die symbolisch dafürsteht, dass nicht immer das Offensichtliche dem entspricht, was oder wie es zu sein scheint. Ich lasse mich nicht schnell von Oberflächlichkeit beeindrucken. Meist sind die, die am lautesten schreien, auch die, bei denen am wenigsten dahintersteckt. Ob es sich um einen hohen Kontostand, einen hohen Dienstgrad oder eine andere äußere Messlatte handelt, die jemand anlegt, um sich über andere zu stellen – das beeindruckt mich nicht. Viel mehr noch, ich halte dagegen.

Denn eins darfst du nie vergessen, Dinge im Außen können ganz schnell wegbrechen. Du misst deinen Wert an deinem Kontostand? Ok, was ist, wenn eine plötzliche Wirtschaftskrise deinen Kontostand schlagartig schrumpfen lässt? Du misst deinen Wert an deiner Position auf Arbeit? Ok, aber was ist, wenn das Unternehmen morgen aufgrund der Wirtschaftskrise pleitegeht oder teilweise Mitarbeiter entlassen muss, zu denen du gehörst? Du misst deinen Wert an deinem Haus, deinem Auto und dem Pool? Ok, aber was ist, wenn deine Frau sich morgen von dir scheiden lässt und im

Ehevertrag geregelt ist, dass sie im Haus mit dem Pool bleibt und du ausziehen musst?

Natürlich dürfen wir nicht jeden Tag vom schlimmsten ausgehen, irgendwann könnte man sich ja dann auch fragen, was ist, wenn morgen ein Meteorit einschlägt? Ich will damit nur sagen, dass das Leben nur bis zu einem gewissen Grad planbar ist. Dass das Leben manchmal Wege für uns bereithält, die wir im Hier und Jetzt noch nicht sehen können, nicht planen und nicht kontrollieren können. Wenn wir dann unseren Wert und unsere Standhaftigkeit an Dingen im Außen festmachen, kommen wir schnell ins Straucheln, wenn der Sturm aufzieht. Es ist wie bei einem Tornado, der dein Haus einreißt, das Auto und den Pool zerstört. Wenn der Sturm vorbei ist, siehst du das Ausmaß der Verwüstung. Wenn du dann im Inneren nicht stabil bist und deinen Wert nicht von innen heraus bestimmst, wird es schwierig in stürmischen Zeiten optimistisch und hoffnungsvoll zu bleiben.

Oft neigen wir dazu, uns selbst unter Wert zu verkaufen. Es wurde uns praktisch schon in die

Wiege gelegt. Vielleicht kennst du die Floskel: „Eigenlob stinkt." Wie traurig ist diese Überzeugung? Damit haben wir uns gänzlich davon entfernt, dass wir stolz darauf sein dürfen, was wir leisten. Wir leben in einer Gesellschaft, die vor Perfektionismus und Leistungsorientierung nur so strotzt und kaum einer ist in der Lage, mal kurz innezuhalten und sich selbst auf die Schulter zu klopfen - geschweige denn anderen. Wie oft hat dich dein Chef schon gelobt? Kritik hagelt es ständig und wehe du kommst mal eine Minute zu spät ... aber Lob? Das ist echt eine Rarität geworden.

Manchmal, zum Beispiel beim Warten auf den Bus, schaue ich die Menschen an, die ebenfalls warten und wenn eine Frau beispielsweise ein großartiges Sommerkleid trägt, und der Moment sich auf natürliche Art und Weise ergibt, dann lasse ich es sie auch wissen: „Schönes Kleid", sage ich dann mit einem Lächeln. Oft kann ich im ersten Moment die Irritierung der Menschen in ihren Gesichtern sehen und gleich danach ein wohltuendes Grinsen. Es sind diese kleinen Momente im Alltag, die uns wieder daran erinnern lassen, dass wir alle Eins sind und nicht in der Spaltung und Trennung leben müssen, die uns durch das Außen auferlegt wird. Denk immer daran, du bist großartig und mutig, genau wie David es einst war!

Was denken die anderen

Ich habe einen Ex-Freund, der sehr darauf konditioniert war, zu überlegen, was andere von ihm denken. Oft wirkten seine Handlungen bzw. Entscheidungen sehr verkopft und nicht wirklich authentisch. Er pflegte immer zu sagen: „Das macht man halt so." Einmal beim Kochen sagte er wieder etwas, von dem es nicht wirklich danach klang, dass es tatsächlich seine eigene Meinung war. Ich schaute ihn an und fragte: „Wer ist eigentlich dieser 'Man'?" Er verstand nicht. Also stellte ich die Frage noch einmal: „Wer ist dieser 'Man', der angeblich bestimmt, was 'Man' tut und was nicht?" Ich konnte förmlich sehen, wie diese Frage ihn aus einer tief verwurzelten Überzeugung riss, die auf gesellschaftlichen Normen beruhte.

Vielleicht kennst du auch diese Momente im Alltag, diese Angst, was die anderen denken, wenn du dieses oder jenes machst oder sagst. Wenn du dich entscheidest, deinen Weg zu gehen und es nicht so zu machen, wie 'man' es eben macht.

Ein Beispiel kommt mir in den Sinn: Der tägliche Kaffee mit den Kollegen. Eigentlich hast du keine Lust darauf. Vielleicht bist du gerade vertieft in eine Arbeit, die endlich mal fließt, oder du hast schlicht keine Lust auf die immer gleichen Gespräche über das Wetter oder die neuesten Gerüchte aus der Firma. Doch die Kollegen erwarten es. Man ist ein Team, oder? Also gehst du doch mit, zwangsläufig. „Willst du nicht mitkommen?", fragen sie, und die Frage ist so gestellt, dass ein „Nein" kaum akzeptiert werden würde. Und so sitzt du da, mit deinem Kaffee in der Hand, innerlich unruhig, weil die Zeit ungenutzt verstreicht, und nickst höflich, während ein Kollege zum zehnten Mal dieselbe Geschichte erzählt.

Einmal, während meines dualen Studiums bei der Polizei, das sowohl theoretischen Unterricht an der Hochschule als auch praktische Ausbildung auf dem Revier umfasste, entschied ich mich, die Mittagspause nicht mit den Kollegen zu verbringen. Es gab mehrere Gründe dafür. Sie aßen schon um 11 Uhr Mittag, was für mich einfach zu früh war. Außerdem gab es keinen Aufenthaltsraum, und sie quetschten sich zu zehnt in ein Büro an einen kleinen Tisch. Es war weder gemütlich noch hatte ich zu dieser Zeit Hunger. Ich erklärte dies also einmal höflich zu Beginn und genoss mein Mittagessen oft in Ruhe zu einer anderen Zeit und an einem Ort, der mir gefiel. Mein Verhalten blieb jedoch nicht unbemerkt. Mein Ansprechpartner machte mir bei der Notenvergabe am Ende des praktischen Teils Vorwürfe wegen meines „mangelnden Teamverhaltens und sozialer Kompetenz". Er zog mir Punkte ab, und begründete dies ernsthaft damit, dass ich mich nicht zum Mittagessen an den Katzentisch quetschte. Ich schaute ihn erstaunt an und musste lachen. Ich widersprach ihm nicht. Es erschien mir sinnlos darüber zu sprechen, dass ich einfach um 11 Uhr kein Hunger und keine Lust auf Mittagsessen hatte. Ich nahm die schlechtere Note hin und es war mir ehrlich gesagt egal. Ich wusste, dass seine Bewertung nichts mit meiner tatsächlichen Leistung im Praktikum zu tun hatte.

Es ging nur darum, dass ich „Nein" zu etwas gesagt hatte, was 'man' dort ebenso macht. Vielleicht sitzt dieser Kollege noch heute an diesem kleinen Tisch und ist überzeugt, dass dies der einzig richtige Weg ist. In diesem Sinne wünsche ich ihm: Guten Appetit.

Diese Momente zeigen, wie oft wir in alltäglichen Situationen in Rollen gedrängt werden, die wir nie gewählt haben – alles unter dem Deckmantel der Höflichkeit und weil 'man' das eben so macht. Es erinnert mich daran, dass wahre Freundlichkeit keine Gegenleistung erwartet und niemals Druck ausübt. Viele unserer sozialen Interaktionen sind von Erwartungen durchzogen, von stillen Verpflichtungen, die niemand ausgesprochen hat, aber die doch jeder fühlt. Diese Art von Höflichkeit, die nur vordergründig als solche gilt, aber eigentlich voller impliziter Forderungen steckt. Sie zwingt uns in Rollen, die wir nie gewählt haben, die uns auf eine subtile Weise gefangen nehmen. Solche Momente sind überall im Alltag versteckt, kleine Fallen des sozialen Miteinanders.

Sie wirken harmlos, sind es aber nicht. Es sind diese Momente, in denen sich eine tief verwurzelte Angst zeigt: die Angst, nicht dazu zu gehören, wenn man sich der Erwartungshaltung anderer entzieht. „Was denken die anderen?" Diese Frage schwingt immer mit, unausgesprochen, und bestimmt doch so oft unser Verhalten. Wir werden zu Darstellern in einem Theaterstück, das „Gesellschaftliche Erwartungen" heißt. Die Szenen sind uns oft fremd, die Rollen nicht auf den Leib geschrieben. Und doch spielen wir mit.

Diese Art von Höflichkeit, die man in unseren Breitengraden so oft sieht, trägt eine gewisse Schwere in sich. Sie ist geprägt von dem ständigen Blick über die Schulter, von dem: „Wie wirke ich?" und „Was werden sie sagen?" Manchmal würde ich mir wünschen, die Menschen wären einfach nur ehrlich. Würden einfach sagen: „Heute will ich keinen Kaffee", ohne die Angst, ausgeschlossen zu werden. Wahre Freundlichkeit erkennt man daran, dass sie Raum lässt. Raum für ein „Nein", Raum für das Anderssein. Raum für die Freiheit, selbst zu entscheiden, ohne sich schuldig zu fühlen. In einer Welt, die uns ständig vorschreibt, wie wir sein sollten, bleibt für mich nur eine wichtige Regel: Bleib dir selbst treu. Höflichkeit ist schön und gut, aber nicht auf Kosten deiner Authentizität. Denn am Ende des Tages ist es doch das Einzige, was zählt: Das du dich selbst im Spiegel ansehen kannst, mit einem Lächeln, das von Herzen kommt.

In meinem Leben werde ich immer meinen eigenen Weg gehen. Und wenn das bedeutet, gegen den Strom zu schwimmen oder David gegen Goliath zu spielen, dann soll es so sein. Denn am Ende geht es darum, treu zu sich selbst zu stehen, egal, was die anderen denken mögen. Es ist faszinierend und zugleich tieftraurig, wie viele Menschen ihr ganzes Leben danach ausrichten, was andere über sie denken könnten. Ich kann diese Denkweise bis zu einem gewissen Grad nachvollziehen, und doch entzieht sie sich meinem Verständnis. Für mich ist es ein Zeichen von Schwäche, ohne Rückgrat durch das Leben zu gehen, sich immer anzupassen und stets mit dem Strom zu schwimmen. Natürlich, mit dem Strom zu schwimmen ist einfacher, das ist keine Frage. Gegen den Strom zu schwimmen ist anstrengend und verlangt Mut und Durchhaltevermögen. Aber ich glaube fest daran, dass der einfachere Weg nicht unbedingt der bessere ist. Es geht auch nicht darum, immer der Rebell in der Gruppe zu sein, der dagegen ist, nur um dagegen zu sein. Es geht um wahre Authentizität und um die Freiheit, den Gedanken „was denken die anderen?" endlich ablegen zu können.

Die Geheimnisse lüften

Ich habe eine gute Freundin, dich ich seit sehr vielen Jahren kenne. Unsere Geschichte ist witzig: Wir haben uns während der Oberstufe kennengelernt. Sie war ein Jahrgang über mir. Anfangs konnten wir uns gar nicht leiden, was daran lag, dass sie kurzzeitig mit meinem besten Freund zusammen war. Irgendwie mochten wir uns gegenseitig aus Prinzip nicht. Wir waren damals vielleicht 16 oder 17 Jahre alt. Eines Abends, auf einer Party in unserer kleinen Stadt, nahm ich meinen Mut zusammen, bestellte zwei Drinks an der Bar und setzte mich entschlossen zu ihr an den Tisch. „So, jetzt reden wir mal", sagte ich. Wir stießen an, und nach ein paar Sätzen war uns klar, dass wir eigentlich gar keinen Grund hatten, uns nicht zu mögen. Von da an wurden wir gute Freundinnen – und sind es bis heute geblieben. Obwohl wir viel Zeit miteinander verbrachten und uns alles erzählten, besonders Geschichten über Jungs und unseren Liebeskummer, gab es eine Sache, über die wir nie wirklich sprachen: meine Familie. Wie fast niemand meiner Freunde wusste auch sie nicht konkret, warum ich bei meinen Großeltern aufwuchs. Es war so eine Art offenes Geheimnis.

Jedenfalls ging ich vor ein paar Jahren mit besagter Freundin im Park spazieren, wir hatten auch dies Mal wieder viel zu erzählen, natürlich sprachen wir auch wieder über die Jungs. Doch dieses Mal lag eine gewisse Ernsthaftigkeit, fast schon eine Schwere im Gespräch. Ich erzählte von meinem narzisstischen Exfreund und davon, was mir die damalige Therapeutin anhand dessen alles aufzeigte. So sprachen wir darüber, warum ich solche Schwierigkeiten in meinen Beziehungen zu Männern hatte, warum sich die Muster wiederholten. Der fehlende Vater, die Verlustängste, die vertauschten Rollen zwischen meiner Mutter und mir – all das kam an diesem Tag im Park zur Sprache. Ich begann, meine Schutzmauern abzubauen, mich verletzlicher zu zeigen, mich zu öffnen. Und so erzählte ich meiner Freundin im Park Dinge, die ich zuvor nie so deutlich aussprechen konnte. Ich fing an ihr zu erzählen, dass mein Vater an einer Überdosis Heroin gestorben war, als ich 17 war. Dass auch meine Mutter heroinabhängig war. Ich erzählte ihr ein wenig von meiner Kindheit, und plötzlich fing sie an zu weinen. Sie weinte bitterlich und sagte, es täte ihr so leid, dass sie all das nicht gewusst hatte. Natürlich war es nicht ihre Schuld – wie hätte sie es wissen sollen? Wir gingen weiter durch den Park. Sie schob ihren Kinderwagen vor sich her und wischte sich die Tränen ab. Ich weinte nicht.

Erst Monate später, vielleicht sogar ein Jahr später, als ich mich wieder an diesen Moment erinnerte, kamen die Tränen. Ich weinte bitterlich, als ich realisierte, wie abgeschnitten ich von meinem eigenen Schmerz gewesen war. Ich sah mich wieder in diesem Park, mit meiner Freundin, die so gerührt und verletzt war von meiner Geschichte, und ich selbst fühlte nichts. Auf einmal tat es mir weh, dass es mir nicht wehtat. Es tat mir weh, zu erkennen, dass ich keinen Schmerz empfinden konnte für all die schlimmen Dinge, die mir passiert waren. Denn das bedeutete, dass ich kein Mitgefühl für mich selbst hatte. Dieser Moment war ein Wendepunkt für mich. Er zeigte mir, dass es Zeit war, die Fassade fallen zu lassen und wirklich zu fühlen. Es war Zeit, all den Schmerz, den ich so lange unterdrückt hatte, zuzulassen, ihn anzunehmen und mich selbst mit Liebe und Mitgefühl zu umarmen. Denn nur so konnte ich wirklich heilen.

Und so begann meine Heilungsreise. Diese Reise war geprägt von tiefem Schmerz, der plötzlich aus mir herausbrach, als ich begann, all die unterdrückten Gefühle zuzulassen. Dieser Schmerz war überwältigend. Er kam wie eine Welle, die mich überrollte, und ich fühlte mich hilflos. Es war schlimm. Ich hatte Angst, Angst vor dem, was auf mich zukommen würde, wenn ich all diese Emotionen zuließe. Jahrelang hatte ich alles mit mir allein ausgemacht, die Fassade aufrechterhalten, das Lächeln aufgesetzt. Aber jetzt, wo diese Fassade Risse bekam, fühlte ich mich fast überrannt von all der Ungerechtigkeit in meinem Leben. Es war, als würden sich all die Emotionen, die sich so lange tief in mir vergraben hatten, auf einmal ihren Weg nach draußen bahnen.

Da war Wut – Wut darüber, warum mein Vater mich nicht wollte, warum er nicht um mich gekämpft hatte. Warum hatte mich niemand darüber aufgeklärt, warum hatte mir niemand die Wahrheit gesagt? Und das, bevor er starb. Und dann war da die Traurigkeit – die Traurigkeit darüber, dass meine Mutter nicht stark genug war, um gegen ihre Sucht zu kämpfen, damit sie und ich wieder vereint sein konnten. Es war diese tiefe Einsamkeit, die Leere in meinem Herzen, die sich durch all diese unbeantworteten Fragen nur noch vergrößerte: Warum ich? Warum musste ich all das durchmachen? Wozu das alles?

In dieser Zeit gab es viele Momente, in denen ich darüber nachdachte, den Kontakt zu meiner Familie komplett abzubrechen. Ich begann zu verstehen, wie toxisch dieses Umfeld war, wie meine Kindheit wirklich war – ein Netz aus Lügen,

Täuschungen und Verrat. Es war, als hätte jeder in meiner Familie sein eigenes kleines Theaterstück aufgeführt, um die Illusion von Normalität aufrechtzuerhalten. Aber unter dieser Fassade litten alle – jeder auf seine Weise. Keiner sprach darüber. Niemand bearbeitete seinen Schmerz. Alles wurde heruntergeschluckt, verdrängt. In meiner Familie lernte ich, dass es scheinbar nicht erwünscht sei, über die eigenen Gefühle und Belastungen offen zu sprechen. Ich lernte, meine Gefühle für mich zu behalten, alles in mich hineinzufressen, immer gute Laune zu zeigen, immer zu lächeln. Ich meine, ich bin ein optimistischer Mensch, ein Schütze vom Sternzeichen her, ich liebe das Leben, die Freiheit, das Reisen, das Kennenlernen von Menschen. Ich bin extrovertiert, und das alles ist echt und authentisch. So ist es heute und so war es damals schon. Aber innerlich litt ich. Vieles von meinem Leid war mir gar nicht bewusst, weil ich so viel verdrängt hatte. Ich biss die Zähne zusammen und lernte, meinen Schmerz nicht zu zeigen. Weinen galt für mich als Schwäche, und Schwäche zeigte ich nicht. Niemals hätte ich jemanden sehen lassen, dass ich verletzlich war, dass ich weinen konnte. Also tat ich so, als wäre alles normal. Ich spielte das Spiel mit, wusste aber, dass es nicht richtig war. Ich erkannte, wie falsch es war, so zu tun, als sei alles in Ordnung, und die Fassade aufrechtzuerhalten. Ich erkannte, wie sehr es in meiner Familie an echter Liebe und authentischer Verbindung mangelte. Wie sehr die Selbstachtung und die Selbstliebe fehlten, besonders bei den Frauen in meiner Familie. Ich erkannte, dass wir alle nur im Überlebensmodus waren, dass jeder versuchte, irgendwie durchzukommen, anstatt wirklich zu leben. Und dann wurde mir klar: Nur Liebe kann die Antwort auf all diese Verletzungen sein. Nur Vergebung kann diesen Schmerz heilen.

Ich wusste, dass mein Heilungsweg kein gerader Pfad sein würde. Es würde Rückschritte geben, Momente, in denen ich wieder in alte Muster zurückfallen würde. Es gab Zeiten, in denen ich Mitgefühl für meine Mutter entwickelte, in denen ich verstand, dass auch sie eine schwierige

Kindheit hatte, dass auch sie nur das Beste tat, was sie konnte. Aber es gab auch Zeiten, in denen ich sie verfluchte, in denen ich wütend war auf all das Leid, das sie mir zugefügt hatte. Momente, in denen ich bitterlich weinte über die Trennung von ihr, über die Abwesenheit von Liebe und Sicherheit in meiner Kindheit.

Ich erkannte, dass ich unangenehme Gespräche führen musste, wenn ich wirklich heilen wollte. Gespräche mit meiner Mutter und meiner Oma, die einzigen noch lebenden Familienmitglieder, mit denen ich diese Dinge besprechen konnte. Mein Vater und mein Opa waren bereits verstorben, also musste ich den Frieden mit ihnen auf eine andere Art finden – mental, emotional, vielleicht sogar spirituell. Schließlich entschied ich mich, einen Brief an beide zu schreiben und ihn dann zu verbrennen, als Symbol dafür, dass ich ihre Verantwortung und ihre Schuld loslasse.

Die Heilungsreise, die ich begann, war also eine Reise zu mir selbst. Sie führte mich durch tiefe Täler und über hohe Gipfel. Es war eine Reise, die mich lehrte, mit meinem Schmerz umzugehen, ihn zu akzeptieren und schließlich loszulassen. Eine Reise, die mich lehrte, mich selbst zu lieben, so wie ich bin – mit all meinen Wunden und Narben. Und die mich lehrte, dass wahre Heilung immer von innen kommt. Ich erkannte, dass es darum ging, jedem in der Familie seine Verantwortung zurückzugeben und jeden wieder an seinen Platz zu verweisen. Es ging darum, die Rollen, die jeder eingenommen hatte, wieder ins Gleichgewicht zu bringen – auch meine eigene Rolle. Auch wenn dies bedeutete, die Verantwortlichen zu konfrontieren und dem Schmerz ins Auge zu blicken.

Die Konfrontation

Es gibt ein Foto, das noch heute bei mir im Flur hängt. Darauf liege ich mit meiner Mama im Bett eines Hotelzimmers. Ich bin circa 4 Jahre alt. Wir sind auf Mallorca im Urlaub. Wir liegen da, aneinander gekuschelt, ganz friedlich. Im Profil sehen wir uns ähnlich, wir wirken einfach nur glücklich und vereint. Wenn ich dieses Foto sehe, weiß ich, dass wir damals glücklich waren. Auch auf anderen Fotos, auf denen sie mich auf dem Arm hält oder mich küsst, kann ich sehen, dass sie mich geliebt hat. Ich weiß, dass sie mich auch heute noch liebt. Das sagt sie mir oft, und ich spüre die Wahrheit in ihren Worten. Dieses Foto aus dem Urlaub hat mich auf meinem Heilungsweg oft zum Weinen gebracht.

Einmal, als meine Mutter mich besuchte, zeigte ich ihr das Foto. Es war schwer, die Frage zu stellen, die mir auf der Seele brannte, denn sie zerriss mir das Herz. Aber ich musste sie fragen, auch wenn ich wusste, dass es keine logische Antwort darauf geben würde. Ich zeigte ihr das Foto und fragte:

„Warum hast du das alles weggeworfen? Warum hast du das alles für diesen einen Moment aufgegeben, als du zum ersten Mal Heroin genommen hast?"

Natürlich hatte meine Mutter keine Antwort darauf. Wie sollte sie darauf antworten? Sie hatte nicht nur mich verlassen, sondern auch sich selbst. Ich weiß, dass sie mit ihrer Schuld unendlich zu kämpfen hat. Einmal, an Weihnachten, bat sie mich um Verzeihung. Ich sagte ihr, dass ich ihr verziehen habe, aber dass sie sich selbst verzeihen muss. Wie weit sie in diesem inneren Prozess ist, kann ich nicht sagen. Das kann nur sie selbst wissen. Aber ich glaube, dass sie noch ein Stückchen vom Weg vor sich hat, auch wenn sie auf einem guten Pfad ist.

Am Ende müssen wir uns alle selbst verzeihen, müssen unsere eigenen Entscheidungen betrachten und Verantwortung für die Konsequenzen übernehmen. Wir alle biegen im Leben mal falsch ab. Und letztendlich geht es darum, sich selbst nicht zu verurteilen, sondern sich selbst zu vergeben, Mitgefühl mit sich zu haben und zu verstehen, warum man die Entscheidung so getroffen hat, wie man sie getroffen hat.

Meine Mutter war Mitte zwanzig, als sie diesen Mann kennenlernte, der sie auf die Drogen brachte. Ich weiß, dass sie sehr leicht zu beeinflussen war, ein naives Wesen hatte. Ihre Kindheit, ihre Prägungen und Muster haben sie zu einem leichten Opfer gemacht. Sie erzählte mir, dass eine Freundin diesen Mann kannte und sie eines Tages anrief, um sie zu sich nach Hause einzuladen. Manchmal fragt sich meine Mutter, was gewesen wäre, wenn sie damals diese Einladung nicht angenommen hätte. Sie ging zu ihrer Freundin und lernte diesen Typen kennen. Er suchte wohl ein neues Zuhause oder hatte Stress zu Hause – sie weiß es auch nicht mehr genau. Jedenfalls bot sie ihm schnell an, bei uns einzuziehen. Vorher hatte sie keine Berührungspunkte mit Drogen, und er versicherte ihr, dass er keine Drogen mehr nehme. Aber eines Tages brachte er sie doch mit nach

Hause und bot ihr an, einmal zu probieren. Und aus diesem einen Mal wurden zwanzig lange Jahre.

Wie anders wäre unser Leben verlaufen, wenn sie damals „Nein" gesagt hätte. Dieses eine Wort mit vier Buchstaben. Ein einfaches Nein. Doch wie schwer fällt es Menschen, dieses Wort über die Lippen zu bringen. Jeder hat seine eigenen Versuchungen. Oft sagen wir „Ja", obwohl wir „Nein" meinen. Wenn der Chef fragt, ob wir noch eine Aufgabe übernehmen können, sagen wir „Ja", obwohl wir eigentlich überlastet sind. Wenn eine Freundin uns um einen Gefallen bittet, sagen wir „Ja", obwohl wir eigentlich etwas Anderes vorhatten. Wenn dein Kumpel dir ein Bier anbietet, obwohl du weißt, dass es dir nicht guttut, sagst du „Ja", um die Gesellschaft nicht zu verlieren. Wenn du in der coolen Clique dazugehören willst, sagst du „Ja" zum Rauchen, obwohl du eigentlich keine Lust darauf hast. Wenn du vor dem Spielautomaten sitzt und schon alles verloren hast, sagst du „Ja" zu dem kleinen Teufel auf deiner

Schulter, der sagt: „Wirf noch ein paar Euro rein, dann gewinnen wir sicherlich!"

Wenn dein Charakter nicht stark genug ist, dann sagst du bei sehr vielen Dingen „Ja", obwohl du „Nein" sagen solltest. Und so machte der Teufel auch meiner Mutter an jenem Abend ein Angebot, und sie sagte „Ja", obwohl sie „Nein" hätte sagen sollen, und das Schicksal nahm seinen Lauf.

Vor ein paar Jahren erfuhr meine Mama, dass der Typ, der sie damals „drauf" brachte, in Frankfurt am Main am Bahnhof an einer Überdosis jämmerlich verstarb. Soll auch er in Frieden ruhen. So einen Tod verdient niemand.

Berlin

Berlin empfängt einen wie ein Wirbelwind aus Eindrücken und Gegensätzen. Die Fahrt mit der Bahn Richtung Friedrichshain ist ein Vorgeschmack auf das, was einen erwartet. Kurz vor der Endhaltestelle Warschauer Straße, wenn die Bahn über die Spree fährt, hat man diesen kurzen, magischen Moment: Man sieht den funkelnden Fernsehturm, die Spree unter einem, die Mauer als Erinnerung an vergangene Zeiten, und die Sonne, die im Wasser glitzert. Es ist das Bild einer Stadt, die lebt und vibriert, die sich ständig wandelt.

Die Endhaltestelle Warschauer Straße, das Tor zu Friedrichshain, ist voller Menschen und Energie. Ein Schmelztiegel der verschiedensten Leute, die kommen und gehen, die in einen Stadtteil strömen, der niemals schläft. Wenn ich nachmittags nach der Arbeit dort ankam, fühlte sich alles wie ein Abenteuer an. So viele Menschen, so viele Gesichter, jeder war einzigartig. Es war eine bunte Mischung: Menschen in schriller Kleidung, einige fast gar nicht bekleidet, leuchtende Haare in allen Farben, Glatzen, Musiker, Punker, Straßenkünstler und stylische Passanten – ein geordnetes Chaos, in dem jeder scheinbar seinen Platz fand. Es war, als wäre Friedrichshain ein großer Freiraum, in dem sich jeder nach seiner eigenen Art und Weise ausdrücken konnte.

Die erste Zeit in Berlin fühlte sich wie eine berauschende Reise in eine andere Welt an. Überall gab es etwas zu sehen, zu hören, zu spüren. Die Stadt überwältigte mich mit ihrer Vielfalt, mit ihrer Energie, mit ihrer schieren Unberechenbarkeit. Ich dachte: „Ja, das war eine gute Idee nach Berlin zu ziehen!"

Doch die Glitzerfassade bröckelte schnell ... Die Fahrt über die Spree war nur eine Illusion, eine glänzende Oberfläche, die mir eine andere Seite zeigte, als ich tiefer in die Realität dieser Stadt eintauchte. Mit der Zeit fiel der Schleier und ich begann zu sehen, was ich zuvor übersehen hatte: An jeder zweiten Ecke lag Erbrochenes, die Gehwege waren übersät mit Exkrementen, und es roch nach Urin. Die Obdachlosen, die ich zu Beginn kaum bemerkt hatte, wurden immer sichtbarer, ihre schlafenden Körper auf den kalten Gehwegen, ihre Gesichter, von der Härte des Lebens gezeichnet. Plötzlich merkte ich, dass die Endhaltestelle Warschauer Straße wie eine Pforte zu einer anderen Welt war – eine Welt aus Rohheit und Direktheit. Die Betrunkenen, die mir entgegenkamen und mich anpöbelten, die Überreste der Partynächte, die ich am Morgen vor meiner Haustür fand – all das wurde zu einem Teil meines Alltags. Berlin wurde zu einer Stadt, die mir alles abverlangte.

Am Anfang fühlte sich das alles aufregend und lebendig an. Doch je mehr die Zeit verging und je mehr der Glanz verblasste, desto mehr merkte ich, wie anstrengend es war. Der Lärm, das Chaos, die Unberechenbarkeit – all das, was Berlin so anders machte, begann mich zu erdrücken. Friedrichshain, und Berlin insgesamt, verwandelten sich in einen Ort, der von Tag zu Tag schwerer zu ertragen war. Der Geruch von Urin, der in den heißen Sommermonaten noch intensiver wurde, machte es mir unerträglich. Nach einem langen Arbeitstag, wenn man schon erschöpft und schweißgebadet in der U-Bahn sitzt, übermannt einen dieser Geruch sofort, wenn sich die Türen öffnen. Ein Moment, der die ganze Romantik Berlins in Luft auflöste. Berlin, diese schillernde, widersprüchliche Stadt, hat mich gelehrt, dass das, was von außen so glänzend und aufregend erscheint, oft eine raue, ungeschönte Wirklichkeit verbirgt. Es ist ein Ort voller Leben, voller Vielfalt, aber auch voller Kontraste – ein Ort, der ebenso fasziniert, wie er erschöpft.

Mein Umzug nach Berlin fühlte sich rückblickend an wie eine Flucht. Eine Flucht vor den Geistern meiner Vergangenheit, vor den Schatten, die sich über mein Leben gelegt hatten. Kurz vor diesem entscheidenden Schritt hatte ich meine zutiefst schmerzhafte und belastende Beziehung mit dem Narzissten hinter mir. Viele unterschätzen, wie tief die Narben solcher Beziehungen gehen können. Sie hinterlassen Wunden, die oft unbemerkt bluten und dich innerlich auszehren, ohne dass du es bemerkst. Die Auswirkungen sind gravierend und tiefgreifend, sie graben sich in die Seele und ziehen einen Abgrund nach dem anderen hinter sich her. Es sind Erlebnisse, die dich so sehr erschüttern, dass sie dein ganzes Dasein infrage stellen.

Als diese Beziehung endete, hoffte ich, ich könnte einfach weiterziehen, als wäre nichts geschehen. Doch so einfach war es nicht. Die Fragen ließen mich nicht los: Wie konnte ich mich in eine solche Beziehung verstricken lassen? Was in mir hatte mich schon wieder an einen toxischen Mann herangeführt, der mich emotional missbraucht hatte? Berlin erschien mir in diesem Moment wie ein verheißungsvoller Ausweg, eine Stadt voller Versprechungen und Möglichkeiten, eine Stadt, in der ich sicherlich keine dieser Fragen beantworten müsste.

Ein damaliger Freund von mir lebte dort, und er schwärmte von seinem Leben im Prenzlauer Berg. Ich kannte ihn seit vielen Jahren, und er hatte diese unbeschwerte, abenteuerlustige Art, die mich immer wieder faszinierte. „Komm nach Berlin, komm nach Berlin", sagte er immer wieder, und jedes Mal, wenn ich ihn besuchte, fühlte ich diese geheimnisvolle Anziehungskraft der Stadt, diesen Ruf, der in mir widerhallte: „Geh nach Berlin. Lass alles hinter dir und starte neu."

Als die Beziehung, die mich so sehr zerrissen hatte, endlich zu Ende war, entschied ich eines Tages spontan, dass es Zeit war, diesen inneren Ruf ernst zu nehmen. Ich bin ein Mensch, der Dinge durchzieht, wenn er etwas will. Also begann ich, alles Nötige in die Wege zu leiten. Ich fand eine Tauschpartnerin, denn bei der Polizei ist es üblich, dass man einen Partner braucht, um das Bundesland zu wechseln. Wir regelten die ganzen Formalitäten, den Papierkram, und schließlich war klar: Ich würde nach Berlin gehen.

Die Vorstellung, in Berlin neu anzufangen, erfüllte mich mit einer seltsamen Mischung aus Aufregung und Furcht. Es war, als würde ich alles hinter mir lassen, was mich je verletzt hatte, aber gleichzeitig wusste ich, dass ich mich selbst mitnehmen würde.

Doch die Möglichkeit, beim Landeskriminalamt (LKA) zu arbeiten, gab mir neuen Mut. Seitdem ich bei der Polizei arbeitete, wollte ich zum LKA gehen. Diese drei Buchstaben hatten für mich etwas Magisches, etwas Mystisches. L-K-A. Landeskriminalamt. Es war für mich nicht nur ein Job, es war eine Mission, eine höhere Berufung, eine Chance, etwas wirklich Bedeutendes zu tun.

Ich erinnere mich noch genau an den Tag, als ich erfuhr, dass ich die Chance haben würde, zum LKA zu wechseln. Ich konnte mein Glück kaum fassen. Das LKA schien immer wie ein unnahbarer Ort, fast wie eine geheime Gesellschaft, in die nur die Besten der Besten aufgenommen wurden. Die Kollegen, die ich bis dato kannte und die dort gearbeitet hatten, sprachen immer in einem besonderen Ton darüber, fast ehrfürchtig. Es war, als ob das LKA einen besonderen Status hätte, als ob es mehr war als nur eine Behörde. Vielleicht war es das auch. Zumindest für mich.

Der Gedanke, im Bereich der Rauschgiftkriminalität zu arbeiten, erfüllte mich mit einer seltsamen Genugtuung. Es war, als könnte ich etwas zurückgeben, etwas wiedergutmachen, was meiner Familie angetan worden war. Meine Mutter hatte so viel durch ihre Sucht verloren – ihre Gesundheit, ihre Würde, ihre Familie. Und ich wollte gegen diejenigen kämpfen, die dafür verantwortlich waren, dass Menschen wie sie in diesen Strudel der Abhängigkeit gerissen wurden. Ich wollte die Haie fangen, die großen Fische, die Dealer und Drogenbosse, die mit dem Elend anderer Menschen ihr Geld verdienten. Es fühlte sich an wie eine Mission, wie ein Kreuzzug gegen das Böse.

Doch während ich all das vorbereitete und mich auf den Umzug nach Berlin konzentrierte, beschlich mich eine leise Unsicherheit. Ich kannte diese Stadt nur aus den Erzählungen meines Freundes und von meinen Besuchen am Wochenende. Ja, Berlin war aufregend und lebendig, eine Stadt, die niemals schlief. Aber es war auch eine Stadt, die ihre dunklen Seiten hatte.

Eine Stadt, die alles verschlang, was sich ihr in den Weg stellte.

Als ich an einem Tag nach Berlin fuhr, um die Abteilung und meine neuen Kollegen im LKA vorab kennenzulernen, war ich nervös. Ich meldete mich an der Pforte an, hatte einen Zettel in der Hand, auf dem genau stand, wohin ich im LKA gehen musste. Ich weiß noch, wie ich den Aufzug betrat und kaum auf das Gebäude achtete, das mich aufnahm. Es war ein bisschen wie der Moment, als ich zum ersten Mal über die Spree gefahren und die glitzernde Stadt vor mir aufgetaucht war – überwältigend, verheißungsvoll, blendend.

Nach dem Treffen mit dem Leiter und meinen zukünftigen Kollegen fuhr ich nach Hause. In meinem SUV - der mit den bequemen Ledersitzen und dem Automatikgetriebe - rollte ich durch die Straßen Berlins und fühlte eine seltsame Leere in mir. Wo war die Freude, die ich erwartet hatte? Wo war das Gefühl der Erfüllung, das ich mir so sehr gewünscht hatte? Stattdessen war da nur eine leise, nagende Unruhe. Eine Unsicherheit, die mich fragte, ob ich die richtige Entscheidung getroffen hatte.

Rückblickend erkenne ich, dass dieser Zweifel der Beginn eines neuen Kapitels in meinem Leben war. Ein Kapitel, das mich nicht nur durch die Straßen Berlins führte, sondern auch tief in die Abgründe meiner eigenen Seele. Vielleicht war Berlin der Ort, an dem ich lernen musste, mich selbst zu finden. Inmitten des Lärms und des Chaos, inmitten der Hektik und des Durcheinanders, fand ich etwas, das ich vorher nicht gekannt hatte: mich selbst. Aber es war ein langer, steiniger Weg, und er sollte mich noch viel weiterführen, als ich es je für möglich gehalten hätte.

Meine Ankunft in Berlin war also eine Mischung aus Euphorie und Ernüchterung. In den ersten Wochen genoss ich die Aufregung, die die Stadt bot. Alles war so anders, so lebendig, so dynamisch. Friedrichshain schien der perfekte Ort zu sein – mitten im Geschehen, mit all den hippen Cafés, den bunten Märkten und den unzähligen

Partys. Die Nachbarschaft war ständig in Bewegung. Es schien, als würde die ganze Welt hierherkommen, um sich auszutoben. Doch die Realität setzte schnell ein. Der ständige Lärm, die Menschenmassen, das Gefühl, ständig von einem Ort zum nächsten zu eilen – all das war aufregend, aber auch erschöpfend.

Die Wohnung, die ich schließlich gewählt hatte, war eine dieser typischen Berliner Altbauwohnungen – klein, mit hohen Decken, etwas abgewohnt und viel zu teuer für das, was sie bot. Die Wände waren dünn, man hörte jeden Schritt, jedes Gespräch der Nachbarn. Und dann war da dieser Garten, der nicht wirklich meiner war und ständig Anlass für Streitigkeiten mit den alteingesessenen Bewohnern des Hauses bot. Es war absurd: Ich zahlte eine nicht unerhebliche Summe für diese winzige grüne Oase, die eher einem vernachlässigten Hinterhof glich, und doch war ich ständig damit beschäftigt, mit den anderen Bewohnern zu verhandeln und Diskussionen zu führen. Eigentlich wollten sie mir nur zeigen: „Du gehörst hier nicht hin!"

Diese Konflikte, die eigentlich so unbedeutend waren, fühlten sich dennoch an wie kleine Schlachten. Sie zermürbten mich. In den ersten Monaten versuchte ich, Berlin mit all seinen Facetten zu erleben. Ich zog durch die Clubs, traf Freunde, die ich schon kannte, und neue Leute, die ich auf Partys oder durch Zufall kennenlernte. Doch je mehr ich versuchte, mich in das Berliner Leben zu stürzen, desto deutlicher wurde mir, dass ich nur an der Oberfläche kratzte. Es gab immer dieses Gefühl, nicht wirklich dazuzugehören. Ich fühlte mich wie ein Besucher, der die Stadt nur kurzzeitig bewohnte. Wie ein Schauspieler, der in einem fremden Stück eine Rolle spielte, die nicht wirklich zu ihm passte.

Die Wochen vergingen und der Glanz der ersten Tage begann zu verblassen. Die Partys, die anfangs so aufregend waren, fühlten sich plötzlich leer an. Die Cafés, die ich so gerne besucht hatte, schienen ihren Reiz zu verlieren. Es war alles schick und hip, doch hatte es irgendwie keine Tiefe. Ich hatte gehofft, dass Berlin mir eine neue Heimat bieten würde, einen Ort, an dem ich mich wirklich zuhause fühlen könnte. Doch stattdessen fühlte ich mich verloren. Die Stadt, die so viel versprach, hielt nicht das, was sie versprochen hatte. Oder vielleicht war es auch einfach nur ich, die mit zu hohen Erwartungen hergekommen war.

Der Herbst zog ins Land und mit ihm kamen die grauen Tage, die längeren Nächte. Das Wetter spiegelte mein Inneres wider. Die Euphorie war einem dumpfen Gefühl der Enttäuschung gewichen. Es war nicht so, dass ich Berlin nicht mochte. Die Stadt hatte ihre Magie, keine Frage. Aber es war eine Magie, die mich nicht wirklich erreichte. Ich fühlte mich wie ein Fremdkörper in dieser Metropole.

Doch trotz dieser inneren Zerrissenheit hielt ich an meinem Traum fest. Ich wollte nicht zugeben, dass meine Entscheidung, nach Berlin zu kommen, ein Fehler gewesen war. Ich wollte mir beweisen, dass ich es schaffen konnte, hier ein Leben aufzubauen, mich hier zu verwurzeln. Vielleicht war es auch dieser Trotz, der mich weitermachen ließ. Vielleicht war es die Angst vor dem Scheitern, die mich dazu trieb, weiter durchzuhalten, mich weiterhin in das Berliner Leben zu stürzen, auch wenn es mich zunehmend mehr Energie kostete.

Jeden Tag war ich auf der Suche nach einem Anker, nach etwas, das mir das Gefühl von Zugehörigkeit geben konnte. Aber je mehr ich suchte, desto mehr entglitt es mir. Und so fand ich mich immer wieder an den Ufern der Spree, blickte auf das Wasser und fragte mich, ob ich jemals wirklich ankommen würde. Oder ob ich für immer eine Suchende bleiben würde, in einer Stadt, die ebenso wenig zur Ruhe kam wie ich.

Der Winter in Berlin war das Allerschlimmste, was ich je erlebt habe. Es gibt viele Geschichten und Mythen über Berlin im Winter, aber man kann es nicht wirklich nachvollziehen, wenn man es nicht selbst durchgemacht hat. Ein Hausbewohner sagte mir einmal: „Der erste Winter ist der Schlimmste!" Jetzt verstand ich, was er meinte. Die Straßen waren leergefegt, die Menschen schienen sich in ihre Wohnungen zurückgezogen zu haben, als wollten sie sich vor der Kälte und Dunkelheit verstecken. Berlin verwandelte sich in eine monochrome Landschaft, eine Farbskala aus allen möglichen Grautönen. Der Himmel war oft bedeckt, und selbst tagsüber schien es, als ob die Stadt unter einem schweren, grauen Schleier lag.

Die Kälte war durchdringend, der Wind schneidend. Wenn ich morgens zur Arbeit ging, peitschte mir der eisige Wind ins Gesicht, als ob er mich wachrütteln wollte, mich daran erinnern wollte, wo ich war. Die Gehwege waren rutschig, der Asphalt grau und verschneit. Alles fühlte sich zäh an. Jeder Schritt zur U-Bahn-Station war wie ein kleiner Kampf, jeder Atemzug ein Akt des Widerstands gegen die schneidende Kälte. Es fühlte sich oft an, als hätte ich bereits eine halbe Weltreise hinter mir, bevor ich überhaupt das Büro erreicht hatte. Und dort, im tristen Licht der Neonröhren, verging die Zeit noch langsamer.

Unter der Woche war alles grau, alles schwer und alles einsam. In den ersten Monaten hatte ich versucht, mich in das Berliner Nachtleben zu stürzen, um die Leere zu füllen, die ich spürte. Berlin ist berühmt für seine Partyszene, für seine Freiheit und seine Möglichkeiten, und ich wollte das alles erleben. Ich wollte die Stadt nicht nur sehen, sondern sie in ihrer ganzen Intensität fühlen. Ich wollte den Puls dieser Stadt spüren, der so viele Menschen anzieht und fasziniert. Doch es dauerte nicht lange, bis ich merkte, dass diese Freiheit auch ihre Schattenseiten hatte. Berlin ist ein Ort, an dem du dich leicht verlieren kannst. Ich sage immer: in Berlin wartet der Teufel an jeder Ecke. Die Stadt kennt keine Regeln, auch nicht, was das Nachtleben betrifft. Es gibt keine Sperrstunden, keine Begrenzungen. Alkohol, Zigaretten, Sex, Drogen – alles ist rund um die Uhr verfügbar. Du kannst dir Drogen wie eine Pizza bestellen und liefern lassen, an jeder Ecke ist ein Späti mit Alkohol bis unter die Decke gestapelt, es gibt immer irgendeinen Club, der geöffnet ist. Es gibt kein Ende, keine Pause. Eine Endlosschleife.

Ich fand mich oft in dieser Endlosigkeit wieder, verlor mich in den Nächten, die kein Ende zu nehmen schienen.

Freitagabend, nach einer anstrengenden Woche, stürzte ich mich ins Nachtleben. Am Samstag ging es weiter, und als mich mein Kumpel am Sonntag anrief und erzählte, dass eine Party im angesagtesten Club Friedrichshains stattfinden würde, sagte ich sofort zu. Doch der Preis, den ich dafür zahlte, war hoch. An jenem Montagmorgen, nach drei durchfeierten Nächten, saß ich verkatert im Büro. Mein Kopf dröhnte, meine Augen waren schwer, und meine Gedanken waren wie in einem Nebel gefangen. Ich fühlte mich elend, als ob mein Körper jede Sünde der vergangenen Tage rächte. Es war ein qualvoller Tag, der sich endlos hinzog, während ich über den Akten hing. Als ich endlich nach Hause kam, war ich vollkommen erschöpft. Ich ließ mich aufs Bett fallen und brach in Tränen aus. Ich weinte, wie ich lange nicht mehr geweint hatte. Eine Welle der Wut und Enttäuschung überrollte mich – Wut auf mich selbst, weil ich zugelassen hatte, dass es so weit gekommen war. Wut auf Berlin, das mir so viel versprochen und doch so wenig gehalten hatte.

In diesem Moment wusste ich, dass sich etwas ändern musste. Ich konnte so nicht weitermachen. Ich kam für das LKA, das ich so lang glorifizierte und vernachlässigte es für das trügerische Angebot der Stadt. Ich beschloss, dem Partyleben erst einmal fernzubleiben. Es war ohnehin Winter geworden, und die Vorstellung, in der bitteren Kälte in langen Schlangen vor den Clubs zu stehen, reizte mich nicht im Geringsten. Stattdessen verbrachte ich mehr Zeit in meiner Wohnung, allein mit meinem Hund Django. Der Winter hatte Berlin fest im Griff, und auch in mir schien es kälter und dunkler zu werden.

Meine Arbeit beim LKA, die anfangs eine Quelle der Hoffnung und des Neuanfangs gewesen war, erfüllte mich nicht so, wie ich es mir erhofft hatte. Es war nicht so, dass ich die Arbeit oder meine Kollegen nicht mochte, aber irgendetwas fehlte. Es gab mir keine echte Erfüllung, keinen tiefen Sinn.

Aber ich verstand nicht weshalb. Einer meiner Kollegen, der auch mein Mentor in den ersten Monaten war – mein sogenannter Bärenführer – hatte mir alles gezeigt: die Strukturen, die Abläufe, die ungeschriebenen Gesetze der Berliner Behörde. Er war ein Beamter, der seinen Job mit einer Leidenschaft ausübte, die man selten sieht. Sein Wissen schien unerschöpflich, seine Hingabe unerschütterlich. Ich glaube jeder im LKA kannte und respektierte ihn.

Er war dieser Kollege, der seine Arbeit nicht als Beruf, sondern als Berufung sah. Er war nie herablassend oder besserwisserisch, auch wenn er etwas kritisierte. Im Gegenteil, er fand immer den richtigen Ton, das richtige Maß an konstruktiver Kritik. Er zeigte mir, wie man Dinge besser machen konnte, ohne dabei jemals von oben herab zu wirken. Er hatte diese seltene Gabe, Menschen zu fördern und zu motivieren, ohne sie dabei zu überfordern oder kleinzumachen. Diese Mischung aus Freundlichkeit und Kompetenz, aus Geduld und Leidenschaft, war etwas, das ich bewunderte.

Ich wünschte mir, auch diese innere Erfüllung zu finden, die er ausstrahlte. Ich wünschte mir, einen Platz zu finden, an dem ich mich wirklich zuhause fühlte, wo ich das Gefühl hatte, angekommen zu sein.

Doch in diesem Winter in Berlin schien das Ziel des Ankommens unerreichbar. Alles fühlte sich fern und fremd an, und die Stadt, die niemals schlief, schien plötzlich stillzustehen – in einer eisigen, grauen Stille, die mir nicht nur unter die Haut, sondern bis in die Seele kroch. Die Realität klatschte mir ins Gesicht wie eine kalte Dusche, als ich mir eine Erkältung zuzog und vom Arzt für zwei Wochen krankgeschrieben wurde. Anfangs war es noch ganz in Ordnung. Die ersten Tage verbrachte ich damit, mich auszukurieren, viel zu schlafen und mich einfach auszuruhen. Doch als mein Körper sich langsam zu erholen begann und ich wieder ein wenig zu Kräften kam, schlug die Isolation zu.

Es war, als hätte ich plötzlich einen klaren Blick auf mein Leben, den ich vorher nicht hatte. Die vier

Wände meiner Wohnung, die mich sonst zumindest einigermaßen sicher hatten fühlen lassen, schienen immer näher zu kommen. Die Decke, die gefühlt immer weit genug entfernt war, rückte unaufhaltsam auf mich zu, als wollte sie mich erdrücken. Es war, als ob der Raum um mich herum schrumpfte, je länger ich darin verweilte.

Eines Nachmittags saß ich auf dem Sofa und versuchte zu meditieren. Meditation half mir immer den Kopf frei zu bekommen, Klarheit zu finden und inneren Frieden zu stiften. Doch an diesem Tag konnte ich mich nicht darauf einlassen. Ich versuchte, meine Gedanken zu beruhigen, mich auf meinen Atem zu konzentrieren, aber es gelang mir nicht. Meine Gedanken rasten, mein Herz pochte. Es war, als ob all die Gedanken und Gefühle, die ich die letzten Monate in mir getragen hatte, plötzlich aus mir herausbrechen wollten, wie eine Flut, die durch einen zu langen gestauten Damm brach.

Da saß ich nun, und es fühlte sich an, als würde ich in diesem Moment der Realität direkt ins Auge blicken. Als ob jeder Schleier, jede rosarote Brille, durch die ich mein Leben betrachtet hatte, plötzlich zerriss und ich das erste Mal die Dinge sah, wie sie wirklich waren. Ein bitterer Moment der Klarheit. Ich saß da und fragte mich: „Was zur Hölle machst du hier? Was willst du eigentlich in dieser Stadt? Was hast du dir nur dabei gedacht?"

Da war ich, in einer winzigen Wohnung von gerade einmal 35 Quadratmetern, für die ich ein Vermögen zahlte. Eine Wohnung, die sich trotz der schieren Summe, die ich dafür aufbrachte, niemals wie ein echtes Zuhause anfühlte. Eine Wohnung, die nicht mehr als ein Ort zum Schlafen war, eine Art Zwischenlager in meinem Leben, aber kein Ort, an dem ich wirklich leben wollte. Es war, als ob ich in diesem Moment alles in Frage stellte, was ich war, wo ich war, und was ich eigentlich wollte. Die Tränen liefen mir über das Gesicht. Heiße, salzige Tränen der Enttäuschung, der Wut und Verzweiflung. Ich war in einer Sackgasse, das wusste ich jetzt. Ich hatte mich selbst in eine Ecke manövriert, aus der ich keinen Ausweg mehr sah.

Ich wusste, dass dies der falscheste Ort war, an dem ich hätte sein können.

Berlin, diese Stadt, die mir so viel versprach, hatte mich nicht nur enttäuscht – ich hatte mich selbst enttäuscht. Und da saß ich nun, allein in meiner winzigen Wohnung, mit nichts als meinen Gedanken und meinem Hund, der mir die Tränen aus dem Gesicht schlabberte und mich ansah, als wollte er mir sagen, dass alles gut werden würde. Doch in diesem Moment fühlte es sich nicht danach an.

Nachdem ich wieder gesund war und zur Arbeit zurückkehrte, bemühte ich mich, mich mit der Situation abzufinden. Ich war nun einmal hier in Berlin, und das musste ich akzeptieren. Ich begann wieder öfter nach Leipzig zu fahren, zu meinen Freunden, immer an den Wochenenden. Jedes Mal, wenn ich am Bahnhof in Leipzig ankam, spürte ich eine tiefe Ruhe in mir. Es fühlte sich an, als könnte ich wieder atmen, als könnte ich in Leipzig durch die Straßen gehen, ohne dass jemand mir den Weg abschnitt oder ich Gefahr lief, über jemanden zu stolpern, der noch von der Party der letzten Nacht taumelte. Die Stadt hatte viel mehr Grünflächen mitten im Zentrum, war nicht so grau wie Berlin. Die Häuserfassaden waren vielfältiger und der Marktplatz fühlte sich heimischer, überschaubarer an.

Aber jedes Mal, wenn ich sonntags abends wieder in den Zug stieg und nach Berlin zurückfuhr, überkam mich eine tiefe Traurigkeit. Ich wollte nicht zurück nach Berlin. Ich wollte in Leipzig bleiben. Immer wieder fragte ich mich, warum ich diese Stadt überhaupt verlassen hatte. Ich hatte dort alles, was ich brauchte. Jedes Mal, wenn ich Leipzig verließ, fühlte es sich an, als würde ich ein Stück von mir selbst zurücklassen. Doch ich wusste nicht, wie es weitergehen sollte. Ich konnte nicht einfach meinen Job kündigen und mich in der nächsten Woche in Leipzig bewerben. So einfach funktioniert das bei der Polizei nicht. Ich versuchte sogar, einen Tauschpartner zu finden, aber ohne Erfolg. Ich konnte es auch verstehen – wer würde schon von Leipzig nach Berlin ziehen wollen? Niemand, außer ich damals.

Im Laufe der Wochen und Monate fühlte ich mich innerlich immer weiter von Berlin entfernt. Die Gedanken, dass ich hier nicht hingehörte, wurden immer lauter. Es wurde Frühling, und obwohl es langsam auf den Sommer zuging, hatte ich innerlich mit Berlin bereits abgeschlossen. Trotzdem klammerte ich mich an eine trügerische Hoffnung: Vielleicht würde der Sommer ja alles ändern. Vielleicht war der erste Winter nur der schlimmste, so wie der Nachbar es gesagt hatte. Vielleicht würde der erste richtige Sommer mir helfen, in dieser Stadt endlich anzukommen. Ich dachte mir, vielleicht brauchte ich einfach nur mehr Zeit. Doch das war eine Illusion. Nichts hatte sich geändert. Die Wohnung war noch immer zu klein und zu teuer, der Weg zur U-Bahn blieb derselbe, und auch der Urin stank wie immer.

Eines Tages bat mich ein Vorgesetzter zu einem Gespräch. Man weiß, dass solche Gespräche selten etwas Gutes bedeuten. Er wies mich darauf hin, dass meine Leistung nachgelassen hatte. In diesem Moment brach ich in seinem Büro in Tränen aus. Ich machte keine gravierenden Fehler, aber es war offensichtlich, dass ich nicht voll bei der Sache war. Als ich an diesem Tag nach Hause kam, wurde mir klar, dass ich nicht die Person war, die ich sein wollte. Das Einzige, was mich noch in Berlin hielt – die Arbeit beim LKA– entpuppte sich als Illusion. Das Gespräch machte mir bewusst, dass ich gescheitert war. An Berlin, an dem, was ich mir vorgenommen hatte. An mir. Mein Traum zerplatzte, und damit auch das Bild, das ich von mir selbst hatte. Ich fiel in ein tiefes Loch, ohne Halt, ohne Fallschirm.

Ich ließ mich eine Weile krankschreiben und nutzte die Zeit, um mit meinen Freunden zu besprechen, wie es weitergehen könnte. Immer wieder hieß es: „Komm zurück nach Leipzig", aber ich war unsicher, was ich tun sollte bzw. wie ich das bewerkstelligen sollte. Ich war schon so oft umgezogen, hatte in verschiedenen Städten gelebt. Bevor ich zur Polizei ging, war ich sogar im

Ausland gewesen, hatte mit einem Rucksack auf dem Rücken diverse Länder bereist, war mit einem Travel-and-Work-Visum nach Australien gegangen und lebte dort eine Weile. Ich hatte bereits überall auf der Welt meinen Platz gesucht. Ich hatte dadurch zwar keine Angst vor einem Umzug oder vor räumlichen Veränderungen und den Herausforderungen, die damit einhergehen, aber ich war es leid umherzuziehen.

Versteh mich nicht falsch, all diese Erfahrungen waren wundervoll gewesen. Es ist großartig, zu reisen und weltoffen zu sein. Ich habe unzählige großartige Menschen kennengelernt, viele Länder bereist, unterschiedliche Kulturen entdeckt, Kompetenzen und Stärken entwickelt. Aber es schien, als wäre ich rastlos. Und so tat es weh zu erkennen, dass auch Berlin erneut nicht der Ort sein würde, an dem ich ankommen würde. Ich erkannte, dass ich schon immer auf der Suche nach meinem Platz, meinem Zuhause war und es scheinbar nicht fand. Bis ich verstand, es in mir selbst finden zu müssen.

Rückblickend verstehe ich, warum das so war. In jenem ersten Winter in Berlin, als ich begann, mich intensiv mit mir zu beschäftigen und das Alleinsein und die damit verbundene Einsamkeit wirklich zu spüren, begann ich auch, ein besseres Gefühl für diese Rastlosigkeit zu entwickeln. Die Isolation zwang mich dazu, nach innen zu schauen und mich mit meinen eigenen Gefühlen auseinanderzusetzen. Es war wie eine Art spirituelles Erwachen, mitten in der Hölle des Teufels. Ich erkannte, dass ich wahrscheinlich immer nur im Außen das gesucht hatte, was mir im Inneren fehlte. Ich hatte immer versucht, die Leere und Einsamkeit zu verdrängen, um sie nicht fühlen zu müssen. Ich hatte versucht, sie durch Aktivitäten, Beziehungen, Partys, Reisen, Umzüge und Jobs zu kompensieren – all die Dinge, die die Welt bietet, um sich abzulenken.

Natürlich ist es immer eine Frage der Balance, denn all diese Dinge kann man in Maßen tun. Man sollte es nur nie übertreiben. Sobald man etwas zur Kompensation benutzt, wird es zu einem Problem.

Jeder entwickelt da eine andere Strategie. Manche verfallen der Kaufsucht, stürzen sich in einen Schönheitswahn, andere verfallen der Glücksspielsucht. Es gibt im Außen genug Möglichkeiten, um der Innenwelt zu entfliehen. Letztendlich kommt es immer auf das Gleichgewicht an. Ich erkannte, dass ich aus dem Gleichgewicht geraten war und diese Balance wiederfinden musste. Vermutlich ist Berlin nicht wirklich der Ort für Balance, denn hier ist alles extrem, egal in welche Richtung. Aber vielleicht brauchte ich genau diesen Spiegel. Berlin zeigte mir in aller Deutlichkeit, was in mir vorging. Die Stadt reflektierte all das, was auch in meinem Inneren los war. Es gibt sogar eine universelle Gesetzmäßigkeit, die besagt: "Wie innen, so außen". Je mehr ich mich mit solchen spirituellen Themen beschäftigte, desto mehr verstand ich, warum ich nach Berlin geflüchtet war. Berlin zeigte mir unausweichlich, was meine eigenen Probleme waren, woran ich zu arbeiten hatte. Die Stadt bot unzählige Möglichkeiten zur Flucht – zur Flucht vor mir selbst, vor meinen Gefühlen, meinen

Themen, meinen Problemen, meinen Mustern, meinen eigenen Verhaltensweisen.

Ich denke, Berlin ist eine Stadt, in die viele Menschen kommen, die auf der Suche sind. So paradox es klingen mag, vielleicht kommen viele mit der Hoffnung, sich dort selbst zu finden. Doch der Versuch, dort anzukommen, scheint manchmal schier unmöglich in all der Bewegung. Ein Ort, an dem man ankommen will, sollte Ruhe bieten, ein sicherer Hafen sein. Berlin hingegen ist wie ein offenes, stürmisches Meer. Es widerspricht sich, und vielleicht zeigt einem gerade dieser Widerspruch, dass man am Ende nur bei sich selbst ankommen kann.

Letztendlich brauchte ich dieses Tief, in dem ich mir eine Weile eine Auszeit nahm, um wieder zu Kräften zu kommen und zu mir selbst zu finden. Es war der Moment, in dem ich wieder das Steuer in die Hand nahm und erkannte, dass ich einen anderen Kurs einschlagen musste. Ich begann intensiv darüber nachzudenken, was meine wahren Bedürfnisse sind, was ich wirklich brauche und was ich bisher im Außen gesucht hatte, ohne es tatsächlich zu finden. Ich kam zu dem Schluss, dass ich all das nicht in Berlin finden würde und entschied mich daher, die Stadt zu verlassen und nach Leipzig zurückzukehren.

Der Gedanke, bei der Polizei auszusteigen, war jedoch keine Option für mich. Die Vorstellung, diesen Weg aufzugeben, schien mir unmöglich. Diese Entscheidung war nicht nur rational, sondern auch emotional tief verwurzelt. Als Kind hatte ich erlebt, wie die Polizei bei mir zu Hause war, als der Rauschgiftspürhund durch mein Kinderzimmer lief. Diese Erinnerungen prägten mich stark. Der Weg zum LKA war für mich nicht nur eine berufliche Errungenschaft, sondern eine persönliche Reise, die mir zeigte, dass ich meine Vergangenheit hinter mir lassen und etwas Eigenes erreichen konnte. Diese emotionale Verbindung zur Polizei bedeutete mir mehr, als es auf den ersten Blick erscheinen mochte. Es war, als ob ich nicht bereit war, all das auf einmal loszulassen.

Natürlich spielte auch die finanzielle Sicherheit eine Rolle. Die Vorstellung, den Beamtenstatus aufzugeben und zusätzliche finanzielle Sorgen zu riskieren, war keine Option. Ich musste also eine Lösung finden, die es mir ermöglichte, nach Leipzig zurückzukehren, ohne meine berufliche Sicherheit aufzugeben. Also machte ich mich daran, eine logistische Lösung zu finden: Ich stellte vorerst einen Antrag auf Teilzeitbeschäftigung und schaffte so die Voraussetzung, meinen Wohnort zu verlegen, während ich weiterhin in Berlin arbeitete. Es war nicht immer einfach, und nicht jeder verstand diesen logistischen Aufwand oder die Entscheidung, in Leipzig zu wohnen und in Berlin zu arbeiten. Doch darum ging es auch nicht. Nur ich musste mich und meine Entscheidungen verstehen. Es war mir wichtig, auf meine Bedürfnisse zu hören und den Weg zu finden, der für mich stimmig war, nicht für andere.

Der Übergang war herausfordernd, aber ich fand eine Balance zwischen meinem beruflichen und privaten Leben. In Leipzig lebend und in Berlin arbeitend, konnte ich wieder aufatmen. Ich konnte die Distanz nutzen, um in Ruhe über meine berufliche Zukunft nachzudenken. Und so pendelte sich ein neuer Alltag ein, in dem ich immer mehr zurück zu meiner Balance und meiner inneren Mitte fand. Eine Ruhe und ein Gefühl, in mir angekommen zu sein, ließen all den Stress vergessen, den ich durchgemacht hatte.

Die Zeit in Berlin, obwohl sie voller Herausforderungen war, brachte mir wertvolle Einsichten und half mir, meine wahre Essenz zu erkennen. Ich lernte, dass es im Leben oft darum geht, sich nicht von äußerem Druck oder Unverständnis beeinflussen zu lassen, sondern die eigene innere Klarheit zu bewahren. Berlin war für mich eine bedeutende Lehre, eine Zeit des Lernens und der Selbstfindung. Auch wenn ich oft über die Herausforderungen und Schwierigkeiten fluche, bin ich der Stadt letztlich dankbar. Sie hat mir eine wertvolle Lektion erteilt und mich näher zu mir selbst geführt. Und sie hat zu diesem wertvollen Buch geführt, welches du in deinen Händen hältst.

Man sagt, dass die längste Reise, die vom Verstand ins Herz ist. Diese Reise hat mich nicht nur zu mir selbst geführt, sondern auch zu einer tieferen Erkenntnis meiner eigenen Bedürfnisse und Werte. Was auch immer die Zukunft bringt, ob ich beim LKA bleibe oder einen neuen Weg einschlage, ist noch offen. Das Buch endet hier, aber es ist klar, dass der Weg weitergeht und neue Seiten geschrieben werden. Manchmal zeigt sich der wahre Wert einer Reise erst im Rückblick, und ich bin gespannt, welche weiteren Geschenke das Leben für mich bereithält. Es lässt jedenfalls Platz für weitere Kapitel ...

Wenn ich heute auf meine Dienstmarke blicke, sehe ich nicht nur ein Symbol meines Berufs, sondern ein strahlendes Abzeichen, das mich an meine tiefsten Hoffnungen und Sehnsüchte erinnert. Diese Marke, die einst im Glanz des Lichts schimmerte, als mir die Polizistin in meinem Kinderzimmer sagte, dass ich alles im Leben erreichen kann, ist für mich zu einem kraftvollen Zeichen geworden. Sie funkelt nicht nur in der

Realität, sondern auch in meiner Erinnerung wie ein Leuchtfeuer, das mir stets vor Augen führt, dass Träume, die aus den tiefsten Wünschen und der stärksten Entschlossenheit erwachsen, Wirklichkeit werden können.

Jedes Mal, wenn ich sie in der Hand halte, fühle ich die Bedeutung, die sie für mich hat: die unermüdliche Reise von der Kindheit, in der ich mich oft verloren und machtlos fühlte, bis hin zu einem Punkt, an dem ich die Kontrolle über mein Leben und meine Zukunft übernommen habe. Diese Dienstmarke steht für mich als Erinnerung daran, dass, egal wo du herkommst und wie herausfordernd der Weg auch sein mag, die Hoffnung und der Glaube an sich selbst niemals verloren gehen dürfen. Sie verkörpert all die kleinen und großen Kämpfe, die ich durchlebt habe, und die unzähligen Stunden, die ich in die Verwirklichung meiner Träume investiert habe. Wenn ich meine Dienstmarke anblicke, ist es so, als würde jede Träne, die ich damals in meinem Kinderzimmer weinte, weggewischt werden.

Es ist diese Sehnsucht, die jeder Mensch in sich trägt – ein Symbol, das ihn antreibt und inspiriert. Für mich ist es die Dienstmarke, die mich an mein kindliches Wunder und meinen unaufhörlichen Glauben erinnert, dass nichts unmöglich ist. Der Glanz dieser Marke ist mehr als nur Licht auf Metall; er ist ein Spiegel meiner Seele, der mir immer wieder zeigt, dass aus dem tiefsten Wunsch und der größten Entschlossenheit etwas Großartiges entstehen kann – das es vom Nadelstich zur Dienstmarke geht.

Epilog

Das Leben stellt uns oft vor Prüfungen, die wir als ungerecht und überwältigend empfinden. Auch ich habe oft geglaubt, dass die Lasten, die mir auferlegt wurden, zu schwer zu tragen sind. Doch trotz der Zweifel und des Schmerzes gab es in mir immer eine Kraft, die mich vor dem Zusammenbruch bewahrte: eine tiefe innere Demut. Diese Demut erinnerte mich daran, dass das Leben, selbst wenn es manchmal wie eine Bürde erscheint, ein Geschenk ist.

Ich habe gelernt, dass in jeder Herausforderung auch eine Chance steckt. Trotz aller Schwierigkeiten habe ich nie aufgehört, die Wunder des Lebens zu sehen – die kleinen, kostbaren Momente, die uns zeigen, dass es sich lohnt weiterzumachen. Diese Haltung hat in mir eine tiefe Dankbarkeit kultiviert, die mir half, auch in stürmischen Zeiten einen Anker zu finden. Dankbarkeit ist eine bewusste Entscheidung und eine Lebensweise, die uns die Augen öffnet für die kleinen, unscheinbaren Geschenke des Lebens, die wir oft übersehen.

Demut und Dankbarkeit sind mächtige Werkzeuge, die uns daran erinnern, dass wir auch in schweren Zeiten auf einem Weg sind, der uns lehrt, stärker und weiser zu werden. Sie haben mir geholfen, die Welt und die Menschen um mich herum mit Mitgefühl und Verständnis zu betrachten und meinen eigenen Weg zu finden, ohne in Bitterkeit und Selbstmitleid zu versinken.

Heute weiß ich, dass die wahre Kraft in mir selbst liegt. Ich habe gelernt, dass ich der wichtigste Mensch in meinem Leben bin, auf den ich immer zählen kann. Diese Erkenntnis, diese innere Stärke, ist der wahre Erfolg, den ich mir heute zugestehe. Egal wie stark der Sturm auch tobt, ich habe in mir den Anker, den ich brauche. Ich bin mein eigener Fels in der Brandung, und dafür bin ich nicht nur dankbar, sondern darauf bin ich verdammt stolz!

*P.S.: Falls du dich fragst, was aus dem SUV wurde …
du weißt schon, der mit den Ledersitzen und dem
Automatikgetriebe … den habe ich verkauft, nachdem
ich verstanden habe, dass es nie darum ging,
irgendwem im Außen etwas beweisen zu müssen,
sondern immer nur darum, anzuerkennen, wer ich bin
und wie weit ich bereits auf meinem Weg vom
Nadelstich zur Dienstmarke gekommen bin.*

Über die Autorin

Franziska Marie Schalk wuchs in einer Kleinstadt in Nordhessen auf – geprägt von einem drogenbelasteten Elternhaus, aber voller Neugier auf die Welt und das Leben. Nach dem Abitur entschied sie sich zunächst für ein Studium der Soziologie und Psychologie, bevor sie ihren Weg zur Polizei fand.

Der Name Franziska bedeutet „Die Freie" und somit stand schnell fest: Franziska war immer auf der Suche nach dem, was sie wirklich erfüllt, nach Authentizität und nach Tiefe und Sinnhaftigkeit im Leben. Ein Jahr Work and Travel in Australien öffnete ihr nicht nur die Augen für die Freiheit und die Schönheit der Welt, sondern auch für ihre eigene Stärke und den Wunsch, ihren eigenen Platz im Leben zu finden.

Viele Umzüge und Erfahrungen später erkannte sie: Veränderung ist keine Schwäche, sondern eine Einladung, immer wieder Neues zu entdecken – sowohl im Außen als auch in sich selbst.

Heute ist Franziska nicht nur Kriminalpolizistin, sondern auch Autorin, Coach und Wegbegleiterin, die anderen Menschen Mut machen möchte, ihre eigenen Wege zu gehen – mit Tapferkeit, Hoffnung und Selbstvertrauen. Ihre Lebensfreude und Offenheit spiegeln sich nicht nur in ihren Texten wider, sondern auch in ihrer Art, das Leben voller Neugier und mit positiver Energie zu umarmen.

Literatur

Broughton, Vivian. *Zurück in mein Ich. Das kleine Handbuch zur Traumaheilung.* Neuausgabe. Kösel Verlag, 2023.

Dispenza, Dr. Joe. *Werde übernatürlich. Wie gewöhnliche Menschen das Ungewöhnliche erleben.* Ariston Verlag, 2017.

Lindau, Veith, und Andrea Lindau. *Königin und Samurai. Wie du das Leben führst, das du wirklich willst.* Ariston Verlag, 2017.

Mayer, Bernhard. *Die Sucht, die uns alle betrifft. Wege aus der Drogen- und Alkoholsucht.* TRIAS Verlag, 2020.

Neubauer, Monika. *Toxische Beziehung.* Kailash Verlag, 2020.

Seligman, Martin E.P. *Flourish: Wie Menschen ihr Leben wirklich gelingen lassen.* Carl Hanser Verlag, 2011.

Stahl, Stephanie. *Das Kind in dir muss Heimat finden*. 8. Auflage. Mosaik Verlag, 2019.

Tepperwein, Kurt. *Die geistigen Gesetze*. Goldmann Verlag, 2004.

Tolle, Eckhart. *Leben im Jetzt*. Goldmann Verlag, 2014.